# Je vais pas me taire parce que t'as mal aux yeux

*Dans la même collection*
*aux Éditions J'ai lu*

LA FEMME PARFAITE
EST UNE CONNASSE !
*N° 10155*

ZÉRO POINTÉ
*N° 10158*

MES PARENTS FONT
DES SMS
*N° 10239*

FERME-LA ! MON CHÉRI
*N° 10244*

ANTIGUIDE
DE SAVOIR-VIVRE
*N° 10170*

CHERS VOISINS
*N° 10156*

LES PERLES DE LA PRESSE
*N° 10243*

LES MEILLEURES BLAGUES
DE TOTO
*N° 10157*

LES BOLOSS DES BELLES
LETTRES
*N° 10725*

COMMENT DEVENIR UN
NINJA GRATUITEMENT ?
*N° 10343*

LOL CHATS
*N° 10502*

COMMENT SURVIVRE
À UNE ÉNORME GUEULE
DE BOIS
*N° 10344*

ANTIGUIDE DE LA MODE
*N° 10536*

COMMENT SAVOIR
SI VOUS ÊTES NOIR
*N° 10626*

COMMENT SURVIVRE
DANS LES TRANSPORTS
EN COMMUN
*N° 10641*

MINITEL ET FULGUROPOING
*N° 10640*

CHERS VOISINS 2
*N° 10724*

GRUMPY CAT
*N° 10714*

FILLE QUI ROULE N'AMASSE
PAS MEC
*N° 10722*

LA FEMME PARFAITE
EST UNE CONNASSE ! 2,
LE RETOUR
*N° 10896*

TOURISTA
*N° 10650*

LA POLITIQUE POUR TOUS
*N° 10642*

Sarah

# DAHAN

# Je vais pas me taire parce que t'as mal aux yeux

## Autopsie de la chanson française

J'ai lu

*Collection dirigée par Christophe Absi*

*Dédicace à toutes les chanteuses*
*et chanteurs français présents dans ce livre.*
*Ils ont été une source d'inspiration, d'émotion*
*et de consternation inestimables.*

*« Je ne suis jamais seul, à moins que je lis. »*

Johnny Hallyday

# Sommaire

# Avant-propos

Depuis quelques années, la chanson française n'a cessé de se diversifier et de gagner en qualité, Dieu merci.

Mais j'avais envie d'évoquer la musique en France à travers un prisme tout à fait français : c'est-à-dire en mettant l'accent sur ses représentants les plus problématiques, sinon les plus « extrêmes ».

J'ai donc décidé d'opérer une plongée en eaux troubles dans la grande famille de la chanson française et de recenser, non sans mauvais esprit et mauvaise foi, les pires litanies musicales (et les pires coupes de cheveux aussi) dans le but de venger mes oreilles, et les vôtres aussi, peut-être.

Bien entendu, il ne s'agit pas d'un livre exhaustif sur toute la chanson française car les choix et les époques des artistes incriminés sont absolument subjectifs. J'accuse mais j'assume.

Vous y trouverez peut-être votre chanteur français préféré et cela vous énervera, je le comprends. J'espère aussi que cela vous fera rire.

**Sarah Dahan**

# Dilemme de vie #1

**Tu préfères que ta conscience te parle avec la voix de Grand Corps Malade ou que ta descendance ait l'accent de Christophe Maé sur quatre générations ?**

# Une journée type d'Ophélie Winter

**8h :** Réveil tout en douceur au son de Stevie Wonder.

**8h34 :** Breakfast : flocons d'avoine, infusion collagène-camomille bio en provenance directe du Népal et oranges pressées tout droit venues de L.A.

**9h15 :** Séance de body pump avec Jean-Marc, un ancien militaire. Rigoureux mais A-DO-RABLE.

**11h40 :** Session bronzage au *Point Soleil* de Neuilly suivie d'une manu/pédi délivrée d'une main de maître par Sabrina, qui s'occupe de la mise en beauté d'Ophélie depuis 1996.

**13h :** Déjeuner (salade verte, sauce à part) au Costes avec son manager.

**15h27 :** Cours de piano avec Mickael, son frère. Très pédagogue, il a su lui faire jouer *Au clair de la lune* à une main au bout de deux séances seulement.

**18h12 :** L'heure de la discussion quotidienne sur Skype avec Prynce, le sosie officiel français de Prince basé dans le Doubs. Ensemble, ils mettent à jour les faits et gestes du « nain de Minneapolis » qu'ils ont glané sur le Net et les rentrent par la suite sur leur skyblog commun.

**19h45 :** Apéro avec Hervé Noël, rencontré à l'époque du *Hit Machine* et resté un proche depuis lors.

# La fan d'Indochine

## Magalie, 16 ans*, Montpellier, lycéenne

- Elle ne porte exclusivement que du noir, une parure qui représente au mieux la nature de ses états d'âme.
- À l'instar de son idole Nicola Sirkis, elle adopte un régime beauté bien huilé. Chaque semaine c'est :
  - manucure + pose de vernis (noir) ;
  - décollement des racines ;
  - pose de mascara semi-longue durée (7 jours donc).
- Elle aime lire Salinger ou Blaise Cendrars, les deux auteurs fétiches de Nicola, chaque soir avant de se coucher.
- Elle se dispute régulièrement avec son grand frère Maxime, 17 ans et demi, « immature et superficiel » qui se moque de ses goûts « alors que lui il aime Sexion d'Assaut, ce gros boloss ».

*Sa devise : « All you need is love. »*

*La qualité qu'elle préfère chez un homme :* la sensibilité.

*Son plat préféré :* la mâche (elle est végétarienne).

*Son plus grand malheur :* qu'Indochine arrête sa carrière.

*Sa couleur préférée :* le noir.

*Son rêve de bonheur :* se marier avec Jérémie, le gothique qui est en terminale L option arts plastiques sur *J'ai demandé à la lune.*

---

* Suivant les époques et les décennies, la fan d'Indochine a TOUJOURS 16 ans.

# Ingrédients de chansons #1

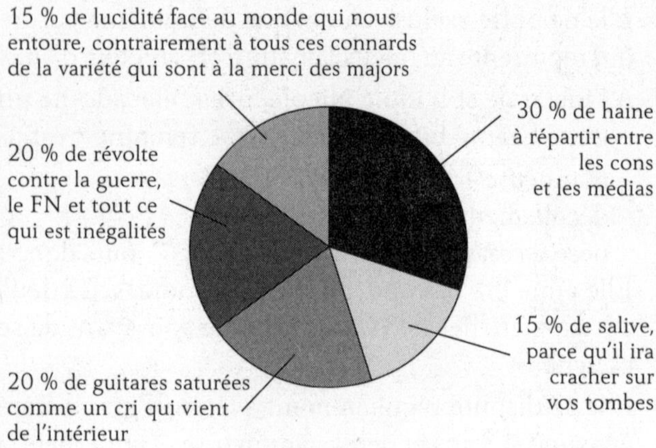


**Damien Saez**

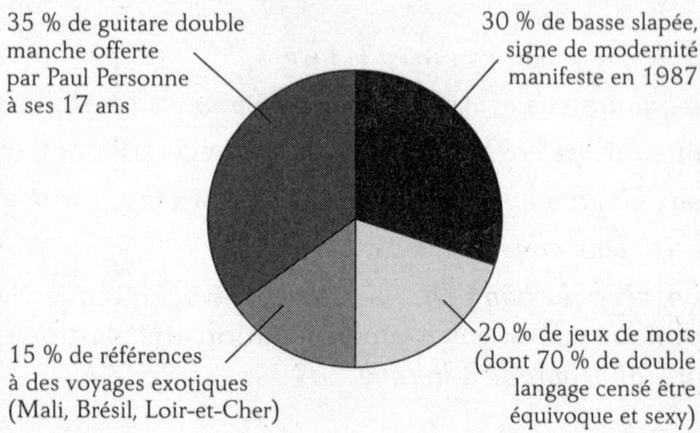


**-M-**

# Dilemme de vie #2

**Tu préfères**
**que ton voisin joue**
***Au nom de la rose***
**tous les matins**
**ou**
**avoir *Le Dimanche***
***à Bamako***
**dans la tête**
**pour toujours ?**

# Les hommages ratés

« Un hommage, c'est censé faire plaisir. » Voilà ce qu'a prononcé France Gall lorsqu'elle a découvert avec effroi l'album de reprises de ses chansons intitulé *Ma déclaration* par Jenifer. Fort heureusement pour l'ancienne gagnante de la *Star Academy*, elle n'est pas la seule à avoir commis de tels méfaits :

■ **LES ENFOIRÉS** sévissent en totale impunité depuis vingt-six ans sous prétexte qu'ils agissent pour Les Restos du Cœur. Mais comment peut-on laisser Pascal Obispo et Patricia Kaas souiller *L'Aigle noir* ou applaudir Zaz, Raphael et Jean-Louis Aubert qui assassinent *Dis, quand reviendras-tu ?* sans même qu'ils ne soient inquiétés par les forces de l'ordre ?

■ **GÉNÉRATION GOLDMAN** (volumes 1 et 2)
Ce massacre de l'œuvre de JJG, de son vivant et en bande organisée, a été instigué par son propre fils, Michael Goldman, par le biais de son label, My Major Company. Au programme des classiques de Jean-Jacques Goldman revisités à la sauce auto-Tune et au vocoder par Tal, Leslie, Soprano ou encore M.Pokora. Soit la certitude d'être atteint d'un *delirium tremens* instantané si vous appuyez sur « Play ». *Tu quoque mi fili.*

■ **PASCAL OBISPO** *vs* **MICHEL POLNAREFF**
En 2004, Pascal Obispo décide de rendre hommage à Michel Polnareff par le biais de son album *Fan*. Il en est même venu à se grimer comme son idole. Mais logiquement, ce dernier n'a pas du tout apprécié. Visiblement agacé et peu sensible à ces louanges, Polnareff l'a tout simplement « black listé » de ses concerts et de sa vie. En espérant que ceci n'inspirera pas à Obispo un album de rupture avec un orchestre philharmonique intitulé *En sens unique*.

# Bingo du quotidien

Le quotidien est le véritable fléau de la chanson française, le furoncle purulent qui vient souiller bon nombre de textes. Afin de mieux comprendre le processus créatif qui anime moult chanteuses et chanteurs, voici, sous la forme d'une grille de bingo, les thèmes qui ont ou qui pourraient inspirer la chanson française.

| | | |
|---|---|---|
| Les menstruations | Les voisins | Le rayon produits frais d'un supermarché du 11e arrondissement de Paris |
| Les crêpes aux champignons | La capillarité à problème des joueurs de foot | Les caprices de la météo |
| Le pacte de responsabilité et solidarité | Les Deux-Sèvres | Les cadenas d'amour du pont des Arts |
| Les transports en commun | La baisse de qualité gustative des potimarrons depuis deux hivers | La constipation passagère |

# Dilemme de vie #3

**Tu préfères partir en treck à Aurillac avec La Rue Kétanou**

**ou**

**prendre un cours de boxe avec Bertrand Cantat ?**

# Quiz Ben l'Oncle Soul

**Dans quel état Benjamin Duterde était-il quand il a choisi pour pseudo Ben l'Oncle Soul ?**

- ☐ Sous l'emprise de stupéfiants
- ☐ Ivre
- ☐ Constipé
- ☐ Les trois à la fois

**Ben l'Oncle Soul a, paraît-il, longuement hésité avant de se nommer de la sorte. Pour quels autres pseudos a-t-il failli opter ?**

- ☐ Ben dans la solitude des champs de coton
- ☐ Oncle Big Ben
- ☐ Ben & Jazzy
- ☐ Benenuts

**Ben l'Oncle Soul est très connu pour ses reprises toutes personnelles du répertoire pop rock international. Quelle devrait être sa prochaine reprise ?**

- ☐ *Tombé pour elle,* de Pascal Obispo
- ☐ *MMMbop,* des Hanson
- ☐ *Easy Lover,* de Phil Collins
- ☐ *La Bamba triste,* de Pierre Billon

**Quelle est la meilleure solution pour que Ben l'Oncle Soul revienne sur le devant de la scène ?**

- ☐ Une sextape avec Tina Turner
- ☐ Une sextape avec Afida Turner
- ☐ Un featuring dans *Plus belle la vie*
- ☐ Un duo avec Carlton Banks du *Prince de Bel-Air*

# Les crooners du Franprix

Nous avons la chance d'avoir des lovers arenbi de type Prisu (une pensée pour les Poetic Lover), mais nous comptons également dans nos rangs des crooners du Franprix. Dans un souci de synthétisation, nous avons sélectionné quatre spécimens :

■ **DANY BRILLANT**

Mélange subtil de guinguette (*Suzette*, *Viens à Saint-Germain*) et de charme oriental inhérent aux gens du bled, Dany Brillant a su chanter les parfums de la France d'antan mieux que quiconque. Et en costume Delaveine de surcroît. Dany Brillant reste par ailleurs fascinant par le simple fait qu'on ne sait toujours pas de quoi est composée sa capillarité.

■ **GÉRARD DARMON**

Grisé par le succès de sa chevelure poivre et sel et de sa voix de velours auprès de la gent féminine, ce bon vieux Gégé a cru qu'il avait les cartes en main pour devenir crooner. Grossière erreur ! Danser la carioca certes, mais chanter : c'est NON.

■ **FRÉDÉRIC FRANÇOIS**

Symbole ultime de l'intégration sans souci de l'immigration italienne, Frédéric François a connu le succès en France tout en chantant fièrement ses racines ritales avec *Je t'aime à l'italienne*. Et ce, dans le respect de tous. Un vrai modèle d'assimilation à suivre.

■ **FRANK MICHAEL***

Véritable génie du marketing, Frank Michael a, dès ses débuts, choisi de s'adresser à un public d'un âge avancé (celui qui dispose du plus fort pouvoir d'achat et d'une platine pour jouer les « cédés ».)

---

* Cf. le chapitre « La fan de Frank Michael », p. 141.

# Les expressions toutes faites du journalisme musical

**« L'album de la maturité » :** L'album de la dernière chance.

**« C'est son album le plus personnel » :** Il n'avait plus une thune.

**« Une artiste à fleur de peau / sur le fil du rasoir » :** Elle en est à sa quatrième TS.

**« Un chanteur doux-dingue » :** Un type qui aime tutoyer son public*.

**« Enfin de retour dans les bacs » :** Journaliste millénaire qui pense encore que les gens achètent des disques, dans des magasins prévus à cet effet.

**« Cette grande prêtresse de la chanson » :** Cette chanteuse quinquagénaire à moustache.

**« Un entretien fleuve** ** **» :** On a eu plus de trente minutes pour faire l'interview.

**« Bidouilleur de génie » :** Il a enregistré son album dans sa chambre de bonne.

**« Futur meilleur groupe du monde » :** Bientôt dans *The Voice*.

**« Un univers musical épuré » :** On se fait chier.

---

* Cf. le chapitre « le tutoiement intempestif », p. 151.

** À alterner avec « entretien exclusif », même si trois autres journaux concurrents ont également fait une interview avec l'artiste en question.

## Dilemme de vie #4

**Tu préfères partir en rando avec Amadou et Mariam**

**ou**

**passer tous tes étés à Évreux avec Vincent Delerm ?**

# Dalida : Fiche signalétique

## Faits marquants

- Elle a enregistré près de 2 000 chansons en sept langues différentes. En cela, elle était en compétition directe avec Nana Mouskouri.
- Dalida, c'est aussi des millions de disques vendus. En 1974 elle est numéro 1 dans 12 pays, record autrefois détenu par Frank Sinatra.
- Précurseuse, Dalida s'est initiée au raï et à la disco dès 1975, bien avant ses congénères francophones.
- Elle s'est suicidée l'année de ses 54 ans, après plusieurs tentatives et après que trois de ses compagnons et son ami Mike Brant ont mis fin à leurs jours. En cela, sa vie est presque aussi tragique qu'un album de Patricia Kaas.

## Fun facts

- Son hologramme continue de se produire sur les plus grandes scènes du monde, 365 jours par an.
- Elle s'est retournée dans sa tombe lorsqu'elle a pris connaissance de la statue à son effigie à Paris.
- Son frère, Orlando, envisagerait de faire des remix de ses chansons au vocoder et à l'auto-Tune par Nicki Minaj.
- C'est lorsqu'elle s'est teint les cheveux en blond que sa carrière a explosé, soit l'effet inverse de ce qui s'est passé pour Alizée.

**Taux de postérité : 95 %**

# Le lexique de Booba

**BOULBI :** C'est un surnom affectueux qu'il a donné à Boulogne-Billancourt, sa ville de naissance sise dans les Hauts-de-Seine (92). Booba en est très fier et a même composé un hymne à sa gloire qu'il a tout simplement nommé *Boulbi*. Il se revendique d'ailleurs comme le « Duc de Boulogne ». De manière générale, il insiste beaucoup sur sa provenance géographique en insérant des « Boulbi » « 92i » « 92izi » et autres « Hauts-de-Seine » à tire-larigot. C'est un peu sa West Coast à lui.

**IZI :** Il s'agit d'un anglicisme inversé qui est utilisé à outrance par le rappeur et qui vient directement de *easy* (« facile » en VF). À noter que izi peut facilement être agrémenté de toutes sortes de mots : izi monnaie, izi money, izi life. Des formules-chocs qui illustrent bien un régime de vie pas franchement ascétique dont Booba se réclame.

**MORRAY :** Désigne une personne de type masculin. Synonyme de « gars » ou « mec ». Morray est très prisé par les gens du voyage. Cette appellation a d'ailleurs été popularisée par son titre *Wesh Morray* dont le refrain fait écho à la douceur qui le caractérise : *« Tu prends tes cliques, tu niques ta mère / Tu fermes ta gueule, tu dis de la merde / On s'en bat les couilles, rien que tu tonne-mi / Nous c'est thug life, izi, all eyes on me. »*

**T'AS J'VEUX DIRE OU PAS ? :** Interrogation qui crée tout de go une certaine proximité avec le récipiendaire dudit message. Booba l'utilise fréquemment dans ses chansons, ainsi que dans ses interviews, à tel point que cette question rhétorique est aujourd'hui automatiquement associée à son personnage (à l'instar de La Fouine et de sa barbichette).

**CHAMP LEXICAL DU MOYEN DE PAIEMENT :** oseille, monnaie, money, grosses coupures, biff, mula (terme américain fréquemment utilisé dans la musique dite « urbaine »), caramel. Tel un Bernard Pivot du ghetto, Booba connaît tous les synonymes de l'argent et n'hésite pas à les utiliser pour illustrer son mode de vie ostentatoire. Dans *Billets verts*, il évoque sa passion : *« Brrr ! Machine à billets, billets verts / Tout, tout pour la monnaie Brrr ! Brrr ! Billets verts. »*

**CHAMP LEXICAL DU CANIDÉ :** Booba semble éprouver une tendresse toute particulière pour tout ce qui a trait à la grande famille du chien, l'exemple le plus emblématique restant bien évidemment le morceau *Pitbull* avec la légendaire punchline *« Comment ne pas être un pitbull quand la vie est une chienne ? »* On se souvient aussi de son featuring avec son ancien ami, lui-même assez porté sur le monde animalier, le bien nommé La Fouine sur *Reste en chien*. Il aime par ailleurs comparer les femmes à des « chiennes » et autres « biatch » (dérivé de *bitch* qui signifie « chienne » dans la langue de Shakespeare). En revanche, on note que Booba ne s'est curieusement jamais laissé aller à évoquer la mignonnerie des pandas roux.

**Exercice**

À l'aide de vos connaissances, répondez aux questions suivantes :

- En quoi la dialectique de Booba est-elle similaire au chapitre 4 de *La phénoménologie de l'esprit* de Hegel ?
- Étudiez l'influence du philosophe Georg Simmel sur la discographie entière de Booba et expliquez en quoi la réflexion sur la modernité monétaire s'inscrit dans la continuité des thèses du matérialisme historique chez le rappeur.

(Vous avez 2 heures.)

## Dilemme de vie #5

**Tu préfères que ton compagnon de vie se mette subitement à parler façon scat à la Michel Jonasz ou qu'il parle en onomatopées comme Camille ?**

# Prévision nécrologique : Shaka Ponk

**Véritable machine de guerre sur scène, la formation incarnait le renouveau de la scène rock hexagonale. Nommés depuis peu chevaliers dans l'ordre des Arts et des Lettres, les membres de Shaka Ponk étaient promis à un avenir radieux jusqu'à ce qu'un drame inopiné ne survienne lors d'un de leurs concerts.**

Le groupe français, qui a débuté à Berlin et qui a su magnifier les langues française, anglaise et espagnole dans ses chansons, a su créer une véritable émulation autour de ses concerts.

Entre le charisme incroyable des chanteurs Sam et Frah, la pyrotechnie digne du Cirque du Soleil et les vidéos fantasques projetées sur le mur lors de ses prestations, Shaka Ponk bénéficiait d'une belle réputation scénique.

Toujours enclins à se dépasser et à donner le meilleur d'eux-mêmes pour leur public, les trublions avaient opté pour quelques changements sur cette nouvelle tournée.

Goz, le singe emblématique qui ne manquait de nous rappeler le meilleur de la charte graphique du *Bigdil*, l'émission de Vincent Lagaf', était autrefois présent dans toutes les vidéos projetées. Mais cette année, il est passé du statut virtuel au statut physique. Une énorme marionnette téléguidée représentant le singe trônait au-dessus de la scène pour le plus grand bonheur des spectateurs fascinés par ce show à l'américaine. Mais lors de leur concert au Dôme de Marseille la nuit dernière, le primate s'est effondré sur la scène écrasant d'un coup sec les membres de Shaka Ponk. Malgré la présence sur place des secours, les entertainers 3.0 n'ont pas pu être sauvés. Un concert hommage aura lieu la semaine prochaine dans un squat de Rungis avec toute la scène lilloise de funk-fusion qui les a vus débuter.

**Prévision épitaphe : *« Sous le ciel, il n'y a rien qui soit stable, rien qui ne dure à jamais. »*** (proverbe bouddhiste)

# Farandole de titres d'albums pourris

- ***La vie est une truite arc-en-ciel qui nage dans mon Cœur***, Cali
  Notre désarroi à son écoute est digne d'un colibri bleuté enrhumé qui aurait perdu ses ailes un soir de pleine lune.
- ***Calogero***, Calogero
  CQFD.
- ***Y a des cigales dans la fourmilière***, La Rue Kétanou
  Et y a des claques qui se perdent.
- ***L'Écrasement de tête***, Sexion d'Assaut
  Suivie d'une hémorragie des oreilles.
- ***Innamoramento***, Mylène Farmer
  Inaudiblamento.
- ***Entre violence et violon***, Johnny Hallyday
  Entre homicide et euthanasie.
- ***Mamagubida***, Tryo
  Gloubiboulgadecaca.
- ***Les Fleurs du bien***, Pascal Obispo
  ... qui font mal à la flore intestinale.
- ***Tu sens les poivrons***, Sanseverino
  La salsa du démon.
- ***Labo M***, M
  KK.

# Le « popu-chic »

Certains iconoclastes de la chanson française ont réussi à mélanger les genres et les audaces, tant et si bien qu'ils sont à la fois adoubés par le grand public et par des autoproclamés « érudits » sans foi ni loi. Ce popu-chic est représenté par une sainte trinité qu'il est de bon ton de souligner.

## ■ CHRISTOPHE

Une diction particulière, un chant à la limite du faux, une dégaine qui oscille entre un tenancier de boîte de nuit tropézienne et un vieux beau sur le retour, c'est Christophe. Après ses premiers tubes faciles de chanteur yéyé Christophe n'a pas hésité à partir dans des expérimentations en tous genres. Sa première collaboration avec Jean-Michel Jarre, *Les Paradis perdus*, sera d'ailleurs un énorme succès critique et public. Ensuite les succès *de Señorita* et des *Mots bleus* lui permettront de partir dans un délire total sur l'album *Le Beau bizarre* en 1978. Tous les matins Julien Doré pense à lui en se rasant.

## ■ ÉTIENNE DAHO

Dandy lui aussi, Étienne Daho a trouvé la recette magique pour créer des hymnes à la fois populaires et exigeants. Instigateur d'une new wave à la française qui mêle rythmiques dansantes et paroles plus sombres, il ravit aussi bien la ménagère que les clubbeurs dégénérés du *Palace* (ou du *Baron* aujourd'hui). Étienne Daho, c'est l'élément fédérateur ultime. S'il était cynique, il se serait déjà lancé en politique.

## ■ JACNO

Qui peut se targuer d'être à la fois l'importateur du punk en France, le créateur de la french touch (de Air aux Daft Punk, tout le monde s'en réclame) et le monsieur qui a signé la musique de la pub Nesquik avec Groquik (le cultissime Rectangle) ? Jacno, de son vrai nom Denis Quilliard, a d'abord été connu avec son groupe Stinky Toys, puis avec sa compagne de l'époque, Elli Medeiros, au sein du duo Elli & Jacno, un duo autrement plus glam' que Stone et Charden.

## Dilemme de vie #6

**Tu préfères porter les cuissardes de Francis Lalanne en période de mousson ou porter le chapeau de Lââm au boulot pendant deux mois ?**

# Que faire si votre enfant souhaite se vêtir comme Stromae ?

- Lui dire que **le père Noël** est en réalité François Hadji-Lazaro des Garçons Bouchers.
- Le **menacer** de l'envoyer chanter à *The Voice Kids*.
- Lui signifier que vous le **déshéritez** et qu'il pourra ainsi chanter *Papaoutai* avec ses tripes et toute sa sincérité.
- Lui expliquer que le **carnaval de Rio** n'a lieu qu'une fois par an, à Rio.
- Lui expliquer qu'il perdra **instantanément** la vue s'il agit de la sorte.
- Proposer un **compromis** : pour chaque jour passé habillé en Stromae, il (ou elle) devra passer le nombre de jour équivalent chez Tatie Danielle qui sent mauvais dans la bouche
- L'enfermer dans une pièce qui passe Christophe Willem **en boucle** pendant 24 heures, histoire de le calmer un peu.

# Playlist cagole

Créature 100 % française, et plus particulièrement méridionale, la cagole nous est enviée dans le monde entier. Plusieurs chansons du répertoire français viennent, pour le bonheur de tout un chacun, célébrer ce lifestyle né en région Paca.

- ***On dirait le Sud*** (Nino Ferrer)
  Créoles et escarpins blancs à bouts pointus ? Oui, c'est bien ça.
- ***Je te aime*** (Baptiste Giabiconi)
  Aime ton Bescherelle et la vie t'aimera.
- ***Au soleil*** (Jenifer)
  Hymne officiel de la région Paca.
- ***L'Alizé*** (Alizée)
  L'Évelyne Dhéliat de la chanson française, c'est elle.
- ***Tchouk tchouk music*** (Priscilla)
  Prout prout musique.
- ***Je viens du Sud*** (Chimène Badi)
  T'inquiète, ça se voit direct Chimène, tsé.
- ***Marseille*** (Patrick Fiori)
  Commune du sud-est de la France, chef-lieu du département des Bouches-du-Rhône et de la région Provence-Alpes-Côte d'Azur.
- ***Le Feu qui m'attise*** (Ophélie Winter)
  Mets la clay'm.

# Les do's et don'ts de Benjamin Biolay

Benjamin Biolay a laissé son empreinte sur la chanson française et sur bon nombre des chanteuses qui la constitue. Ses coups d'éclat, ses coups de reins mais aussi ses changements de look et d'humeur ont participé à sa légende. Ci-dessous, un passage en revue des fameux Do's et Don'ts de Benji.

**DO's**

- Sa discographie, qui reste majoritairement honnête.
- Sa réputation de charmeur.
- Les bastons avec Bénabar.
- Le mépris de ses congénères de la chanson française.
- Son soutien indéfectible à l'OL.

**DON'Ts**

- Les cheveux longs et gras.
- La grise mine (toujours bien penser à hydrater sa peau et à privilégier la vitamine D).
- Le divorce d'avec Chiara Mastroianni, pourquoi ?
- L'écriture pour Isabelle Boulay.
- *Le Vol noir* (aka le rap des Minikeums). POURQUOI ?
- Son activité frénétique sur Twitter qui casse un peu le mythe.

# Dilemme de vie #7

**Tu préfères
que Bénabar
te raconte en
musique ses
anecdotes préférées
au quotidien
ou
dormir avec
les santiags de Dick
Rivers toutes
les nuits ?**

# Tout ce qui est concert « citoyen » et/ou caritatif

Ce genre de concert illustre parfaitement le principe de la double peine. Par définition, le concert caritatif existe pour venir en aide à ceux qui en ont besoin (Fête de *L'Huma*, Les Enfoirés, Solidays), qui sont dans la souffrance, alors pourquoi les accabler davantage avec de la musique crapuleuse ? C'est en effet une corrélation qui semble malheureusement immuable : le concert caritatif et/ou citoyen se voit toujours doté d'un line-up d'artistes engagés, notamment dans le port du pantalon en lin et le rejet du shampooing. On y trouve souvent Yannick Noah, Cali, Axel Bauer, Pep's, Anaïs sans parler de toutes les autres prestations carnages d'obédience folk/variétoche.

Ces artistes attirent ainsi un public très marqué, majoritairement constitué de troubadours altermondialistes porteurs de sarouels, cracheurs de feu, joueurs de diabolo et détenteurs d'un canidé.

A-t-on sérieusement envie de faire la « fête » dans ces conditions ? La réponse est oui. Oui, autant que lorsque l'on apprend le décès de toute sa famille, qui survient conjointement avec une banqueroute personnelle et la récente prise de connaissance de son cancer du côlon.

# Daniel Balavoine : Fiche signalétique

## Faits marquants

- Il a écrit une farandole de tubes (*L'Aziza*, *Le Chanteur*, *Vivre ou survivre*) chantés à la fois par votre petite cousine mais aussi par votre patron aviné lors de la fête de la Noël ainsi que votre concierge moustachue. Son répertoire est riche en émotions.
- Un artiste à la croisée des chemins : la politique, la variété mais aussi les velléités rock et électroniques (Metronomy lui a d'ailleurs tout volé).
- Il est malheureusement décédé prématurément dans un accident d'hélicoptère lors du Paris-Dakar en 1986.

## Fun facts

- Le mystère qui entoure l'évolution de sa capillarité tout au long de sa carrière reste entier.
- Il est l'artiste le mieux représenté dans les karaokés au niveau hexagonal (mais aussi en Corse et dans les DOM-TOM, contre toute attente).
- Son répertoire se fait régulièrement souiller par la « jeune génération » mais aussi par des statues de cire*.

**Taux de postérité : 82 %**

---

* Cf. le chapitre « Les Do's et Don'ts de Liane Foly », p. 82.

# Prévision nécrologique : Christophe Maé

**Tragédie en Paca : l'un des plus dignes représentants musicaux de la région est décédé prématurément.**

C'était l'enfant du pays, « le p'tit minot » qui est monté à la capitale et qui a réussi. Originaire de Carpentras, Christophe Maé avait gravi tous les échelons du star-system français pour enfin décrocher le Graal : faire partie de la troupe des Enfoirés.

*Belle Demoiselle, Tombé sous le charme, Dingue, dingue, dingue*, ses plus grands succès donnaient à voir l'image d'un séducteur taquin, qui aimait les femmes et, par-dessus tout, la vie. Le drame est survenu alors qu'il était de passage dans son fief sudiste après une session de répétitions intenses en vue d'une tournée intimiste « guitare-voix » au printemps prochain. Pendant qu'il se désaltérait à l'aide d'un breuvage local prisé au niveau international et mieux connu sous le nom de pastis, le chanteur a été pris d'une violente quinte de toux. Celle-ci lui a coupé la respiration, tant et si bien qu'il a été transporté de toute urgence au centre hospitalier d'Aix-en-Provence. Le troubadour méridional serait décédé quelques minutes seulement après son arrivée. Selon Roland Fabiani, le chef du service des urgences, sa mort serait due à une absorption de pastis frelaté. Des propos corroborés par Maurice et Pascal, deux boulistes émérites de Carpentras qui étaient également présents au café au moment du drame : « Nous, on savait pour l'état du pastis, c'est pour ça qu'on lui a conseillé de prendre une mauresque, ça adoucit le tout. Il ne nous a pas écoutés, ce fada ! » Une cérémonie commémorative animée par la chorale de l'Amicale vauclusienne aura lieu la semaine prochaine à l'église de Carpentras. Une seule contrainte pour y assister : port des bretelles et du chapeau obligatoires. Ciao, l'artiste !

**Prévision épitaphe : *« J'crains dégun. »***

# Ces duos inspirés par les stupéfiants

- **La Fouine & Patrick Bruel :** *Maux d'enfants*
  Diagnostic : Saignements de l'oreille.
- **Ministère A.M.E.R. & Johnny Hallyday :** *Le temps passe*
  Surtout pour toi, Jojo...
- **Hélène Ségara & Joe Dassin :** *Et si tu n'existais pas*
  ... On ne pourrait pas faire des duos d'outre-tombe.
- **Big Ali & Florent Pagny :** *Des larmes de sang*
  Oui, en effet.
- **Calogero & Passi :** *Face à la mer*
  Face contre terre.
- **Lara Fabian & Maurane :** *Tu es mon autre*
  Mais qui êtes-vous, madame ?
- **Cali & Marie Gillain :** *Je me sens belle*
  La face B de *J'me sens pas belle* (Catherine Ringer & Marc Lavoine).
- **Alizée & Tal :** *Le Tourbillon de la vie*
  Un tourbillon si fort qu'il a aspiré la carrière d'Alizée.
- **Véronique Sanson & Catherine Lara :** *Entre elle et moi*
  Ça fait beaucoup de cheveux blancs.
- **Nolwenn Leroy & Eddy Mitchell :** *La Complainte du phoque en Alaska*
  Bibi Fuck.
- **Grand Corps Malade & Francis Cabrel :** *La Traversée*
  Faite d'embûches, de cabanes et de béquilles.

# Dilemme de vie #8

**Tu préfères que Grégoire soit ministre de l'Éducation nationale**

**ou**

**que Diam's soit ministre des Droits de la femme ?**

# Quiz : les chanteuses à voix

**Combien de fois Lara Fabian prononce-t-elle « Je t'aime » dans la chanson *Je t'aime* ?**

- ☐ 21
- ☐ 38
- ☐ 277

**Quels sont les noms des prénoms des trois enfants de Céline Dion ?**

- ☐ René-Charles
- ☐ Jean-Felix
- ☐ Isidore
- ☐ Harold
- ☐ Nelson
- ☐ Ronald McDonald
- ☐ Artemis
- ☐ Eddy

**Laquelle de ces divas est entrée dans le *Guinness Book* des records pour avoir pété 547 kilos de verre Murano grâce à sa voix ?**

- ☐ Patricia Kaas
- ☐ Maurane
- ☐ Hélène Ségara

**Pour quelle raison Patrick Fiori et Lara Fabian se sont-ils séparés ?**

- ☐ À cause de Julie Zenatti
- ☐ Elle n'aimait pas les figatelli
- ☐ Le refus de Lara de s'installer sur l'île de Beauté
- ☐ Des emplois du temps surchargés
- ☐ Le festival, toute cette pression

# Ingrédients de chansons #2

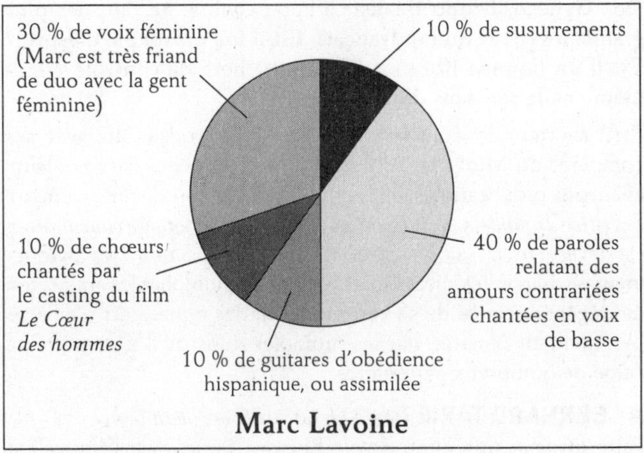


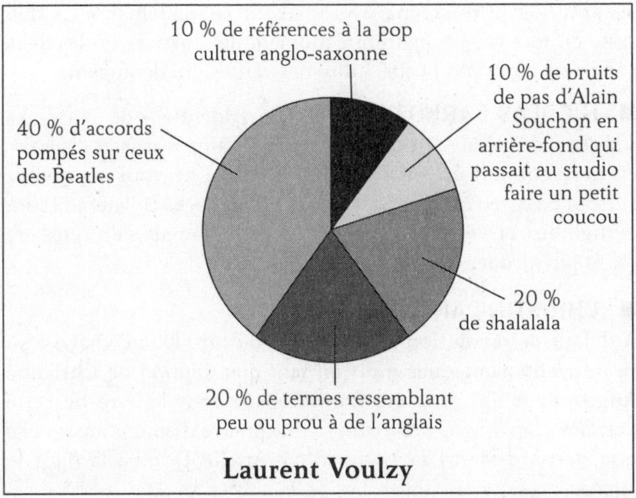

# Les featurings de prestige de Doc Gynéco

**Doc Gynéco, Bruno Beausir à l'état civil, reste l'un des plus grands mystères du rap français. Est-il fou ou simple d'esprit ? Est-il un homme libre ou totalement hors de contrôle ? Lui-même ne le sait sans doute pas.**

Parti de rien, il s'était fait connaître du grand public avec ses compères du Ministère A.M.E.R. (Stomy Bugsy et Passi) et leurs chansons provocatrices telles que *Brigitte, femme de flic* ou encore *Sacrifice de poulets*. Son premier album solo, *Première consultation* est devenu un classique du rap français. Le doc aurait pu logiquement enchaîner les succès mais il a préféré multiplier les craquages. La dégénérescence de sa carrière au fil des années est d'ailleurs parfaitement illustrée par les multiples duos qu'il a perpétrés à l'aide de nombreux partenaires.

■ **BERNARD TAPIE** (feat. Assia) sur *C'est beau la vie*
Faire un featuring « rap » avec Bernard Tapie, c'est l'équivalent d'un long communiqué de presse qui dit : « J'arrête tout, je rends les armes et je vends ma streetcred sur Leboncoin.fr. » Ce duo reste en tout cas un mythique moment de bravoure où les deux gangsters n'ont pas hésité à dire des vérités qui dérangent.

■ **NICOLAS SARKOZY** lors de la présidentielle de 2007 aka « le coup de grâce ». Nota Bene à tous les autres artistes : si votre carrière connaît un sérieux coup de mou, ne vous acoquinez surtout pas avec Nicolas Sarkozy. Les dommages collatéraux sont vertigineux et votre carrière risque de ne jamais s'en remettre (cf. la jurisprudence Faudel).

■ **CHRISTINE ANGOT** dans son lit
À défaut de révolutionner le monde du rap, Doc Gynéco a su se réinventer quelques mois en tant que mignon de Christine Angot. Leur liaison a été immortalisée dans le livre de cette dernière, *Le Marché des amants*. Une preuve d'amour aussi belle que Bernard-Henri Lévy qui filme Arielle Dombasle dans le chef-d'œuvre du septième art, *Le Jour et la Nuit*.

# Réaction d'un sujet « normal » à l'écoute des *Lacs du Connemara* de Michel Sardou

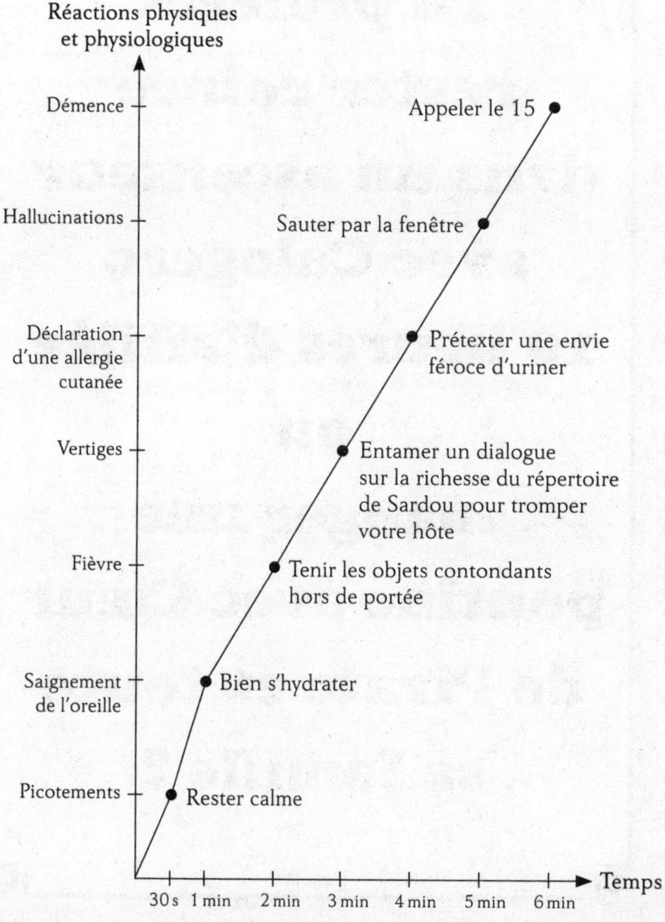

## Dilemme de vie #9

**Tu préfères rester coincé dans un ascenseur avec Calogero 10 heures d'affilée**

**ou**

**manger une poutine avec Cœur de Pirate et toute sa famille ?**

# Bingo du chanteur engagé

Il faut savoir que le chanteur engagé (de droite comme de gauche) ne dort pas la nuit, contrairement au commun des mortels. À la place, il pense à la leçon de morale qu'il vous infligera dans sa prochaine chanson, car être engagé c'est un métier à plein temps. Sous la forme d'une grille de bingo, voici les thématiques qui lui sont chères.

| | | |
|---|---|---|
| La mondialisation capitaliste | Le politiquement correct | Les anciennes colonies françaises |
| Le FN | Tout ce qui est conflit social de manière générale | L'injustice |
| Le maintien de l'ISF | Les majors | Les dirigeants = tous des pourris |
| La hausse des impôts sur le revenu | La guerre | Le trou dans la couche d'ozone |

# Playlist United Colors of Benetton

La futilité, c'est bien, mais pas toujours. Il est aussi important de savoir célébrer la France au travers de son histoire géopolitique.

- **Yannick Noah :** *Saga Africa*
  Marine Le Pen likes this.
- **Michel Sardou :** *Le Temps des colonies*
  C'était mieux avant.
- **Rachid :** *Le P'tit Beur*
  Un jeune Maghrébin à croquer.
- **Vincent Lagaf' :** *La Zoubida*
  Une savoureuse rencontre entre une mélodie dance et l'univers de Michel Leeb.
- **Rose Laurens :** *Africa*
  Enfin un hymne digne de ce nom pour ce beau pays qu'est l'Afrique.
- **Martin Circus :** *Je m'éclate au Sénégal*
  Surtout quand la formule est *« All inclusive »*.
- **Philippe Lavil :** *Il tape sur des bambous*
  Ah çà, ils ont le rythme dans la peau à Fort-de-France.
- **France Gall :** *Babacar*
  Perdu de vue.

# Prévision nécrologique : Zazie

**Artiste à la fois populaire, variété mais aussi pop-rock, Zazie était devenue une figure emblématique de la chanson française depuis ses débuts dans les années 90. Véritable figure de proue des Enfoirés, elle était aussi une artiste engagée qui n'hésitait pas à se battre contre la guerre ou le port de chaussures sur scène et dans la rue. Mais la semaine dernière elle s'en est allée, laissant la France orpheline.**

L'amour de la contrepèterie (*Les Femmes Téfales*), les facéties en pagaille, la passion des mots et de l'engagement social (*Adam et Yves*), voilà ce que nous évoque Zazie.

Née à l'état civil sous le nom d'Isabelle Marie Anne de Truchis de Varennes, la chanteuse a grandi au sein d'une famille aisée mais n'a jamais caché son attirance pour « tout ce qui est populaire ». La preuve irréfutable de son attachement pour le métissage culturel s'est d'ailleurs traduite par le fait qu'elle vivait à Belleville. La chanteuse avait même écrit un hymne à son quartier de prédilection, sobrement intitulé *Belleville plage*. Samedi dernier un drame inattendu est venu l'arracher à vie et à son « hood » tant aimé.

L'essai d'une nouvelle technique de yoga bikram d'obédience amérindienne (beaucoup plus violent que le yoga traditionnel), recommandée par son amie Olivia Ruiz, a été fatal. En essayant d'effectuer la figure de « l'hélicoptère cambodgien en arc voûté », Zazie s'est bloqué les cervicales. Sa respiration fut coupée sur le coup et le décès fut déclaré quelques minutes à peine après l'incident.

Aujourd'hui la France entière pleure cette femme, cette cousine éloignée qui savait si bien chanter nos joies comme nos peines. Pour lui rendre un dernier hommage, l'ensemble du personnel du ministère de la Culture déambulera pieds nus mercredi prochain.

**Prévision épitaphe : *« Ça fait mal et ça fait rien. »***

# Les One Hit Wonder

Pourquoi cette chanson a-t-elle cartonné à ce moment précis mais pourquoi son interprète n'a-t-il jamais renoué avec le succès ? Les One Hit Wonder ou les « succès sans lendemain » comme on les nomme au Québec, sont un mélange de magie et de mystère qui ne s'expliquent pas.

## ■ JE TE SURVIVRAI

Si l'on connaît encore l'existence de cette chanson composée par Didier Barbelivien et portée par Jean-Pierre François, ancien footballeur à la capillarité à problèmes, c'est parce qu'elle a été diffusée à peu près 15 milliards de fois dans des émissions telles que *Les Enfants de la télé* ou tout autre programme du même acabit. Notons aussi que Jean-Pierre François a connu un retour de hype, de nature mi-crotte mi-raisin par l'entremise de sa fille Sandy qui s'est présentée à la *Star Academy* en 2004.

## ■ BORN TO BE ALIVE

La chanson est certes chantée en anglais mais elle est chantée par un ressortissant français qui répond au nom de Patrick Hernandez. L'histoire est tellement belle qu'elle devrait obtenir le statut de conte de fées moderne : le seul et unique tube du « chanteur » sorti en 1979 lui a rapporté plus de 25 millions de dollars. De quoi vivre agréablement de ses rentes dans sa propriété cossue en Paca.

## ■ CHACUN FAIT C'QUI LUI PLAÎT

Ce morceau chanté par Chagrin d'amour en 1980 (Valli et Grégory Ken) est très probablement le premier rap français, sorte de pendant gaulois au *Rapture* de Blondie. La puissance du refrain est presque aussi démoniaque que celui de *Dimanche à Bamako.*

## ■ BESOIN DE RIEN, ENVIE DE TOI

Ce gimmick tellement puissant qu'on pourrait le qualifier de « punchline » est entré dans le langage commun. Il s'utilise à tort et à travers, mais surtout pour signifier à autrui qu'on aimerait bien le revoir prochainement, le tout sous couvert d'humour.

## ■ BOULE DE FLIPPER

Il s'agit d'une chanson de Corynne Charby sortie en 1987. Le titre est lui aussi entré dans le vocabulaire familier et est généralement usité pour signaler à son interlocuteur qu'on est au bout du rouleau. Ou dans un état proche de l'Ohio.

# Quiz capillaire

La grande famille de la chanson française propose une variété capillaire assez étourdissante. Voici un quiz tout en cheveux et en ludicité pour mieux la célébrer.

**À quoi est due la légendaire crinière de Larusso ?**

- ☐ La perte d'un pari
- ☐ Un coiffeur atteint de cécité
- ☐ Un taux d'alcool peu ou prou équivalent à 4,8 grammes

**Mireille Mathieu n'a pas changé de coupe de cheveux depuis plus de 50 ans, pourquoi ?**

- ☐ Un contrat d'égérie Playmobil l'en empêche
- ☐ Toute son énergie réside dans ses cheveux, à l'instar de Samson
- ☐ Il s'agit d'une perruque inamovible

**Quel est le pire mal capillaire qui a touché la chanson française ?**

- ☐ Le mulet
- ☐ La banane aux velléités américaines
- ☐ Florent Pagny

**Pour mieux dompter sa crinière si soyeuse, Francis Lalanne utilise :**

- ☐ Brilliant Brunette de John Frieda
- ☐ Fioravanti, shampooing révélateur de brillance de René Furterer (sans paraben)
- ☐ Du beurre de karité légèrement réchauffé à feu doux

**L'évolution de la pilosité de la moustache de Francis Cabrel s'est déroulée selon :**

- ☐ Les astres lunaires
- ☐ Un décret préfectoral du Lot-et-Garonne
- ☐ Ses rendements Sacem

## Dilemme de vie #10

**Tu préfères passer tous les hivers des années impaires à Forbach avec Patricia Kaas**

**ou**

**faire l'amour en mer avec Philippe Lavil tous les étés ?**

# La fête de la Musique

Apocalypse annoncée à chaque été, la fête de la Musique s'apparente davantage à une symphonie funèbre qui s'abat irrémédiablement sur l'Hexagone depuis 1982. Elle comporte son lot de nuisances sonores, mais pas que. On fait le bilan calmement en se remémorant chaque instant.

**Points positifs**

- Avoir le droit de détester et de mépriser en toute impunité ses congénères le temps d'une soirée.
- Se voir proposer une quantité très bigarrée de merguez et autres grillades.
- La possibilité de faire les poches des badauds dans une relative discrétion.
- Pouvoir jeter depuis sa fenêtre de l'eau ou des œufs, ou tout autre produit de son choix sur des sosies de Zaz.
- Utiliser Micheline, votre concierge facétieuse, en tant que sosie de Michou et faire croire qu'un happening trop cool a lieu dans votre rue.
- S'essayer dans une démarche très YOLO à une reprise jazz fusion de *Roxane* de Police.

**Points négatifs**

- Des reprises de Téléphone à tous les coins de rue.
- L'horreur audiovisuelle que provoque ce jeune qui reprend *With or Without You* de U2 et qui n'a pas encore mué.
- Fauve invité à jouer en toute quiétude sur la place de l'Hôtel-de-Ville.
- Foultitude de chiens* venus se promener avec leurs maîtres et leur 8.6.
- Les gens. Trop de gens. Et des rastas blancs qui s'égosillent sur *No Woman No Cry*.
- La classe de terminale option arts plastiques qui propose une relecture intégrale de l'œuvre de Noir Désir au djembé et au didgeridoo.

---

* On notera que seuls les chiens apparentés à la famille des bergers allemands semblent être admis dans ce genre de manifestation.

# Les étranges similitudes entre La Fouine et Édith Piaf

**Bien peu de gens le savent, mais il existe des similitudes troublantes entre les textes de La Fouine et ceux de la Môme. Insolence, combat, rébellion... des décennies les séparent mais, pourtant, tout les rapproche.**

La Fouine est un homme de lettres qui ne mâche pas ses mots et qui ne les choisit jamais par accident. Au-delà du pré carré du ghetto, il est connu pour être un amoureux de la langue française qu'il n'hésite pas à remanier, à détourner et à moderniser avec brio et délicatesse pour mieux la sublimer (cf. ses titres *Hamdoulah moi ça*, et *Fouiny Gamos*).

Grand amateur d'allégories et autres métaphores, La Fouine ne laisse jamais rien au hasard, pas même son pseudo. Car oui, aussi curieux que cela puisse paraître, La Fouine ne s'appelle pas vraiment La Fouine, mais Laouni Mouhid. Un choix manifestement motivé par le prestige de l'animal en question. La fouine est en effet particulièrement connue pour marquer son territoire avec des sécrétions, et pour ses multiples bagarres avec d'autres fouines du même sexe.

***On s'en bat les couilles***, véritable manifeste nihiliste démontrant que le rappeur est un vecteur contemporain de la pensée nietzschéenne.

Dans ce conte urbain, La Fouine énumère toutes les obsessions qui hantent son quotidien mais qu'il affirme renier, en appelant ses congénères à n'en avoir que faire (dans son langage : « *à s'en battre les couilles* »). Il fait également la part belle à ce qu'il apprécie fortement dans la vie : la gent féminine et les moyens de paiement en masse. Mais il s'en réfère par ailleurs à ce qu'il n'aime pas : notamment tout ce qui touche aux forces de l'ordre (« *Quand les keufs sont trop speed négro / On s'en bat les couilles* »)

Ce qui peut paraître encore plus surprenant, c'est qu'*On s'en bat les couilles* n'est rien d'autre qu'une revisite (voire un hommage) d'un tube des années 40, *J'm'en fous pas mal* signé... Édith Piaf.

Il suffit de se pencher sérieusement sur la question pour voir un parallèle troublant entre le *flow* de la Fouine et la gouaille de la Môme, cette Cendrillon du ghetto 1.0.

Plusieurs thèmes sont en effet évoqués dans les deux chansons avec la même force et la même détermination.

### Le rapport à la séduction et au sexe opposé :

*J'ai mon amant qui est à moi C'est peut-être banal*
*Mais ce que les gens pensent de vous*
*Ça m'est égal ! Je m'en fous !*

(Édith)

*Laisse-la donc finir son strip négro*
*On s'en bat les couilles.*

(La Fouine)

### Le rapport au travail :

*J'ai pris de la graine, et pour longtemps*
*Je travaille comme un chien toute la semaine*
*Je vous jure que le patron, il est content*

(Édith)

*On fait des chiffres on fait des sous*
*On prend du biff tu prends des gifles*

(La Fouine)

Entre affirmation de soi et rébellion contre un système pourri et des congénères malfaisants, La Fouine a donc signé avec *On s'en bat les couilles* un classique qui a toute sa place dans la culture française, quelque part entre *Huis Clos* de Sartre (« *L'enfer, c'est les autres* ») et *Et Alors ?* de Shy'm.

# Les différentes possibilités de reconversion de Jeanne Mas

Comme la vie est une chienne, le succès de Jeanne Mas a disparu aussi vite qu'il est apparu. Quelques tubes : *En rouge et noir, Johnny Johnny, Sauvez-moi* et puis adieu. Afin d'éviter à Jeanne Mas de devoir se produire sur la scène d'« *Âge tendre et tête de bois* » aux côtés d'Hugues Aufray, voici un pot-pourri de futures carrières qui peuvent s'offrir à elle :

- **Démonstratrice maquillage en parfumerie**

La chanteuse de variété aux velléités punk a arboré dans les années 80 un maquillage qui se situe quelque part entre Nosferatu et une bagnole volée. À la fois dark et flashy, soit les deux pans d'une personnalité à fleur de peau. Pas de doute, Jeanne Mas sait manipuler et sélectionner les pots de peinture mieux que quiconque.

- **Coiffeuse-visagiste**

Crête iroquoise, mulet, cheveux bruns, blonds rouges, les extravagances capillaires de Jeanne Mas laissent présager une véritable créativité en la matière. Il paraît évident qu'elle saura manipuler le cheveu avec soin, comme elle a su manier les mots au XXe siècle.

- **Sosie de Siouxsie and the banshees**

À défaut d'avoir su faire éclater sa fougue punk, la chanteuse en rouge et noir peut toujours se grimer en Siouxsie Sioux, légende punk s'il en est, lors de divers galas. La troublante illusion saura faire sensation au Festival international des sosies de Valras-Plage. À noter qu'elle pourrait aisément coupler cette activité en occupant également le rôle de doublure pour Helena Bonham Carter, actrice britannique de prestige qui boit du sang de brebis au petit-déjeuner.

# Alizée : Fiche signalétique

## Faits marquants

- A boosté de manière significative la consommation de biens culturels (notamment discographiques) de la population pédophile de 97 % grâce au tube *Moi... Lolita* en l'an 2000.
- Aurait pu définitivement être l'enfant du siècle avec l'album du même nom produit par Chateau Marmont en 2010.
- A souffert d'une dégénérescence capillaire manifeste avec l'album *Blonde* sorti en 2014 et ironiquement produit par Pascal Obispo, le chauve le plus connu du bassin d'Arcachon.

## Fun facts

- A enfanté avec un ancien de la *Star Academy*.
- N'est en revanche pas la mère d'un enfant mi-humain mi-loup-garou né de ses amours avec Mylène Farmer et Laurent Boutonnat, comme le voudrait une légende urbaine malfaisante.
- Est une star dentaire au Pérou, ainsi qu'une star tout court au Mexique, à l'instar de Morrissey.
- Souhaitait originellement reprendre intégralement *Blonde on Blonde* de Bob Dylan mais la pression de sa maison de disques en a décidé autrement.

**Taux de postérité : 55 %** (juste pour le souvenir ému du clip de *Moi... Lolita*)

# Les facéties de Maurane

Maurane n'est pas que la chanteuse à voix du plat pays que l'on connaît. Adorée de toutes les mamas et des autres pour son groove sans pareil, elle est devenue au fil du temps une figure incontournable de la chanson française.

Loin d'être là où on l'attend, Maurane fait preuve d'humour en participant notamment au film de Valérie Lemercier, *Palais royal !* Mais c'est plus particulièrement sur la Toile qu'elle laisse éclater sa verve facétieuse.

Maurane a beau disposer d'un public millénaire, elle fait preuve d'un véritable savoir-faire en termes d'outils informatiques et d'autonomie sur les Internets. En effet, elle a su faire parler d'elle en s'initiant avec pertes et fracas aux délices du réseau social Twitter.

Toujours très proche de ceux qui l'entourent, la chanteuse belge aime à interagir avec ses congénères, en revanche, mieux vaut éviter de l'emmerder.

Un échange houleux avec un « troll » sur Twitter a marqué d'une pierre blanche sa présence sur le réseau social. Un fan de Mickaël Vendetta l'avait ainsi traité de « grosse vache », ce à quoi elle lui a répondu : « La grosse vache t'encule à sec avec du papier de verre, du tabasco et un filet de citron. »

Bref, passion Maurane.

N. B. : Sachez que le meilleur combo possible pour une après-midi détente et langoureuse est de se faire une petite session lecture sur son compte twitter tout en écoutant *L'Un pour l'autre*, une compilation de ses meilleurs titres.

# Dilemme de vie #11

**Tu préfères que Génération Goldman fasse un happening surprise à ton mariage**

**ou**

**que ta mère se remarie avec Sanseverino ?**

# Cocaïne ou pas cocaïne ?

On connaît la passion de Johnny Hallyday, notre rocker national, pour le rock et le blues américains, pour les grosses cylindrées mais aussi – il ne l'a jamais caché – pour les stupéfiants (une pratique qu'il dit aujourd'hui révolue). La drogue a-t-elle été responsable de quelques fautes de parcours de Jojo ?

- **Sa tenue** d'obédience *Mad Max* (combo cuir/métal) du Parc des Princes en 1993 : cocaïne ou pas cocaïne ?
- **L'adoption** à 61 ans : cocaïne ou pas cocaïne ?
- Sa reprise d'*Imagine* de **John Lennon** en duo avec son épouse Lætícia : cocaïne ou pas cocaïne ?
- Son soutien à **Nicolas Sarkozy** : cocaïne ou pas cocaïne ?
- Son duo avec **Doc Gynéco**, *La Rue* produit par Pierre Sarkozy : cocaïne ou pas cocaïne ?
- La collaboration avec **Pierre Billon**, auteur de la *Bamba triste :* cocaïne ou pas cocaïne ?
- L'amitié avec **Michel Sardou** : cocaïne ou pas cocaïne ?

# Les différentes possibilités de reconversion pour le collectif Fauve

Les membres du collectif poétique urbain Fauve doivent sans doute le savoir : la durée de vie d'un boys band est limitée. Voici donc un spectre de possibilités de reconversion pour ces poètes doux-amers :

## ■ Formateurs au bafa

Sensibles, ouverts et curieux du monde qui les entoure, et parfaitement à même de comprendre les états d'âme de tout un chacun, les membres de Fauve sauront former les formateurs. Éclairer, passer le relais de la flamme qui les anime, c'est un savoir-faire dont ils sont dotés.

## ■ Profs de MJC

Un flow, une rime, une étincelle qui saura toucher le cœur de cette fille blonde accoudée au bar, là-bas, eh bien ça ne tombe pas du ciel, çà se travaille. Les membres de Fauve le savent bien et c'est pour ça qu'ils peuvent redonner tout ce putain d'amour (et leur clairvoyance extraordinaire sur le genre humain) à la jeune génération.

## ■ Être les propres acteurs d'une émission télévisée qui leur serait consacrée

Le collectif Fauve, c'est avant tout une histoire d'âmes sœurs qui ont su se trouver et trouver ensemble les mots à poser sur leurs maux. C'est comme une famille qu'on s'est choisie, une famille reconstituée faite de grands frères. On voit donc aisément les membres de Fauve animer une émission à mi-chemin entre Pascal le grand frère et Super Nanny, deux personnalités hautement nécessaires au redressement moral de la jeunesse de France totalement déglinguée.

# Bingo « Âge tendre et tête de bois »

Voici une grille de bingo qui recense les événements survenus et les mesures prises en coulisses, sur scène et dans la salle, lors d'une tournée « Âge tendre et tête de bois ». Une manifestation musicale qui a pour but de célébrer des vedettes de l'ancien temps.

| | | |
|---|---|---|
| Symphonie de larsens due à des sonotones mal réglés | Incontinence manifeste des groupies du 1er rang | 2 litres d'eau prévue pour chaque spectateur |
| Vente de brumisateurs au merchandising | Session Botox pré-show pour tous les artistes | Présence du Samu sur scène, en coulisses et dans le public |
| Recel de Viagra en coulisses | Malaise vagal au 3e rang | Présence de défibrillateur sous chaque siège |
| Déchaussements d'une vingtaine de dentiers dans le public | Scène et sol antidérapants | Purée et nourriture exclusivement liquide servies à la cantine des artistes |

# Prévision nécrologique : Mélanie Laurent

**La grande famille du cinéma français pleure l'un de ses talents les plus précieux, disparu dans des circonstances aussi épouvantables qu'inattendues.**

Artiste complète, curieuse et touche-à-tout, Mélanie Laurent a débuté au cinéma mais son trop-plein d'émotions ne pouvait décemment pas être uniquement cantonné à cette seule discipline. La jeune femme s'est donc également essayée à la réalisation, à l'écriture et... à la chanson.

Connue pour son franc-parler et son attitude « cash », l'actrice césarisée pour le film *Je vais bien, ne t'en fais pas,* n'avait pas hésité à s'engager dans le combat environnementaliste de la pêche artisanale.

Artiste à part dans l'Hexagone, Mélanie Laurent n'était ni plus ni moins qu'un subtil alliage de professionnalisme à l'américaine et de sensibilité européenne, une artiste qui n'a pas hésité à se mettre à nu sur son album *En t'attendant.* La chanson *Insomnie* traitait notamment de son bouillonnement d'idées perpétuel qui l'empêche de dormir.

La naissance d'un enfant en 2013 a fait d'elle une femme comblée, « parce qu'être mère, c'est le plus beau des métiers », confiait-elle à l'époque.

Mais une ombre est venue noircir ce tableau pourtant si idyllique. Il y a quelques jours l'actrice/chanteuse/auteur/compositrice/scénariste/réalisatrice/environnementaliste a été transportée aux urgences de l'hôpital Saint-Antoine suite à des maux de ventre terribles. Selon le personnel hospitalier, l'actrice serait décédée à peine vingt-quatre heures après son arrivée. Lors d'une conférence de presse, le chef du service obstétrique a expliqué cette mort si soudaine : Mélanie Laurent était victime depuis de nombreuses années de rongements internes intenses. Le climax final a fini par arriver et lui a coûté la vie : son ego a fini par la dévorer.

**Prévision épitaphe : *« Après moi, le déluge. »***

# Dilemme de vie #12

**Tu préfères te réveiller avec les cheveux de Dany Brillant ou apprendre que François Valéry est ton père ?**

# Tout ce qui est sabotage

Un éclair de génie, un don du ciel, une « différence » assumée, voilà de quoi étaient constitués ces trois artistes. Puis les petits accidents de la vie ont eu raison de leur carrière.

## ■ RENAUD

Quand Renaud a débarqué sur la scène musicale française ce fut un véritable choc. Il n'avait pas son pareil pour manier le verbe, ni pour évoquer des scènes de vie poétiques, c'était le Rimbaud du bitume. Puis le bitume a laissé place à la biture et le rebelle qu'il était est même devenu réac (cf. son hymne contestataire *Les Bobos*). Plusieurs questions se posent à nous : Boire trop fait-il penser comme Michel Sardou ou est-ce l'inverse ?

Est-ce pour qu'il abrège ses souffrances qu'est venu s'agréger à son malheur l'initiative musicale nommée La Bande à Renaud ?

## ■ MICHEL POLNAREFF

Génie de la mélodie, pianiste hors pair, ambassadeur de la permanente pour tous, Michel Polnareff avait toutes les cartes en main pour devenir « une légende ». Seulement voilà, des soucis avec le fisc, avec des escrocs et avec des femmes ont eu raison de sa santé mentale. Notons cependant que la démence ne l'a pas totalement gangrené : il refuse tout contact avec Pascal Obispo.

## ■ DIAM'S

Première figure mainstream du rap féminin hexagonal, la carrière de Diam's a été fauchée en plein vo(i)l(e). La Génération Nan Nan résonne encore dans la tête de la Génération Y mais Diam's reste dans sa bulle et ne kiffe plus trop la vibes. Selon les dires de Booba* elle se serait réincarnée en « druide » évoluant en milieu rural.

---

* Cf. le chapitre « Quiz embrouille » p. 104.

# Les do's et don'ts de Véronique Sanson

Véronique Sanson occupe un statut à part au sein de la chanson française : auteur, compositeur et interprète de talent, elle a su offrir des chansons qui sont devenues des classiques. Pourtant, à l'instar des Daft Punk, elle est « humaine après tout » et n'est donc pas infaillible. On se permet donc de délivrer des bons et des mauvais points à notre Véro nationale.

## DO's

- Son dialogue amoureux en musique avec Michel Berger.
- La première partie de sa discographie.
- Son jeu de piano, franchement bien au-dessus de celui de Michel Petrucciani (RIP).
- Son brushing impeccable dans les années 70.
- Sa suprématie sur France Gall et ses consœurs de la chanson française.

## DON'Ts

- La rupture lâche avec Michel Berger « Je te retrouve, je vais acheter des clopes ». Ouais on la connaît l'histoire depuis, Véro...
- Les jams endiablés avec Jean-François Copé.
- Le port trop régulier de futal en cuir sur le plateau de *Taratata* dans les années 90.
- L'épisode Pierre Palmade : mais pourquoi ?
- L'abus de breuvages alcoolisés.

# Trucs et astuces pour larguer quelqu'un à l'aide de la chanson française

- Laisser négligemment traîner un **best of de Michel Sardou** sur la table basse du salon.
- Révéler avoir appris la guitare grâce à **l'intégrale** de Cali.
- À l'occasion de l'anniversaire de votre petit(e) ami(e), effectuer un **lip dub** de *Millésime* de Pascal Obispo avec l'aide de ses **collègues de bureau**.
- Se laisser pousser la **moustache** en hommage à Francis Cabrel, période *Carte postale* (1981)*.
- Se doter d'un **chien-loup** après avoir déclaré être fan de Zaz.
- Demander de manière quotidienne à votre petit(e) ami(e) s'il/elle sait **d'où viennent** les Gipsy Kings.
- Proposer Garou comme **seul et unique** choix pour le nom de votre possible enfant à venir.
- Suggérer de se rendre en Mayenne pour effectuer un stage de théâtre basé **essentiellement** sur les textes de La Rue Kétanou.
- Siffloter *Papaoutai* sous la douche **tous les matins**.
- Déclarer être à la tête du fan-club **Île-de-France** de Blankass.
- Déclamer *Je t'aime* de Lara Fabian au restaurant le soir de la **Saint-Valentin**.

---

* Avec un peu d'endurance et de volonté, cette démarche est valable aussi bien pour les hommes que pour les femmes.

# La Bretagne : cette terre insoumise

Grâce à des ambassadeurs de prestige, la musique traditionnelle bretonne a su dépasser les frontières de l'Ouest hexagonal pour mieux rayonner aux quatre coins du monde.

Par le biais de la harpe celtique, Alan Stivell, ce ménestrel new age, a su redonner ses lettres de noblesse à la musique bretonne et élargir son audience. Faites le test autour de vous, qui ne connaît pas sa version toute personnelle de *Tri Martolod* ?

On notera également que Dan Ar Braz ou encore Tri Yann ont beaucoup fait pour la cause. D'ailleurs tout ce beau monde aime à se produire au Festival interceltique de Lorient, mieux connu sous le sigle FIL, qui existe depuis 1970 et qui connaît un succès exponentiel (700 000 spectateurs en 2013, tout de même).

En 1998 c'est la *Panique celtique*, du nom de l'album de Manau, un groupe « de rap celtique ». Le trio a exhumé le classique *Tri Martolod* pour lui conférer une touche urbaine à l'aide de beats tapageurs et d'un flow pas piqué des hannetons sur le morceau *La Tribu de Dana*.

Fascinée dès son plus jeune âge par l'ésotérisme, les elfes et autres farfadets bien connus de la région, Nolwenn Leroy a décidé de puiser dans ses origines celtes pour son album *Bretonne* sorti en 2010. Bingo, il s'est vendu à plus d'un million d'exemplaires. *Tri Martolod, La Jument de Michao, Bro gozh ma Zadoù*, tous ces classiques bretons sont revisités sur cette galette pour le bonheur des petits et des grands.

# Bingo Hélène Ségara

Femme, mère, amante, chanteuse à voix, Hélène Ségara est tous ces visages à la fois. Pourtant, c'est toujours le même thème qui semble l'inspirer : l'amour. L'amour courtois, l'amour déçu, l'amour contrarié. Cette grille de bingo nous aide enfin à voir un peu plus clair en les influences de cette grande dame de la chanson française.

| | | |
|---|---|---|
| **La solitude** | **Les ragots colportés par les jaloux** | **La fille du puisatier** |
| **La confiance brisée** | **Le rejet** | **La jalousie, ce puissant venin** |
| **La ménopause** | **La différence d'âge au sein d'un couple** | **Les racines italiennes** |
| **L'été en pente douce** | **Les souvenirs d'enfance en région Paca** | **Les regrets** |

# Francis Cabrel : Fiche signalétique

## Faits marquants

- Il a réussi à faire carrière malgré une capillarité (notamment faciale) à problèmes.
- *Sarbacane, Samedi soir sur la Terre, Hors-Saison* font office de Grand Chelem. Sortis successivement en 1989, 1994 et 1999, ces trois albums sont les plus grands succès commerciaux de Francis, totalisant plus de 6 millions de ventes.
- Bien qu'il soit l'un des plus gros vendeurs de disques en France, il reste très discret en ayant choisi la quiétude et la douceur de vivre du Lot-et-Garonne.

## Fun facts

- Francis a sorti un album de reprises de Bob Dylan intitulé *Vise le ciel* en 2012 (ceci est une histoire vraie). Il envisage d'ailleurs pour le printemps 2016 de reprendre le répertoire de Léonard Cohen façon reggae.
- Comme atteinte d'une démence passagère, la chanteuse Shakira a repris son tube *Je l'aime à mourir* en français et en espagnol.
- Des postiches inspirés de l'évolution de ses moustaches sont en vente dans tout le réseau La Foir'Fouille de la région Aquitaine.

**Taux de postérité : 78 %**

# Dilemme de vie #13

**Tu préfères**
**que Bibie te susurre**
**à l'oreille**
***Tout doucement* dès**
**que tu t'énerves**
**ou**
**que *Hisse et ho***
***Santiano* retentisse**
**tous les matins**
**dès que tu actionnes**
**ta douche ?**

# Les reprises de *Taratata* qu'on croirait fausses mais qui sont bien vraies

- Olivia Ruiz & Blankass : *Because the Night*
- **Daniel Darc & Abd al Malik : *Walk on the Wild Side***
- Noa & Pascal Obispo : *With or Without You*
- **Cali & Patti Smith : *Smells Like Teen Spirit***
- Patrick Bruel & Youssou N'Dour : *No Woman No Cry*
- **Cœur de Pirate & Julien Doré : *Umbrella***
- Ours & HollySiz : *Chez les yéyés*
- **Dionysos & Louise Attaque : *Song 2***
- East 17 & Ophélie Winter : *West End Girl*
- **Christophe Maé & Axelle Red : *L'Amour à la machine***

**TOP 5 des choses qui font que *Taratata* (RIP) a été une émission unique :**

- Les costumes Delaveine de Nagui.
- L'accent anglais de Nagui.
- Les caméras posées sur les basses.
- Les techniciens qui bougent le matos pendant l'émission.
- Les duos insolites et sucrés-salés qui ont fait sa légende.

# Les différentes possibilités de reconversion de Lorie

Après s'être essayé à tous les styles que la musique a la joie de nous offrir (pop corolle, zouk, arenbi, rythmes latino, rap, bal musette), il est temps pour Lorie de mettre de côté la chanson et d'envisager d'emprunter d'autres chemins que lui offre la vie.

## ■ Héroïne des « Real Desperate Housewives » du Val-d'Oise

Après tous ces albums et toutes ces tournées, le repos est désormais bien mérité pour Lorie. Quoi de mieux que de joindre l'utile à l'agréable (c'est-à-dire ne rien foutre tout en gagnant du pognon) ? Pour ce faire, il lui suffira d'être l'héroïne des « Real Housewives du Val-d'Oise », sa terre natale, où le spectateur la suivra dans ses sessions shopping et ses moments de détente : manu/pédi, bowling, jardinage.

## ■ Sosie de Lorie

D'après nos estimations, Lorie devrait subir un retour de hype d'ici à sept ans, et ses sosies seront donc demandés aux quatre coins de la France ainsi que dans toute la francophonie. L'occasion de mettre en place un juteux business : devenir son propre sosie, ce qui comporte un avantage non négligeable : le droit de faire la même chose mais en moins bien. Une activité qui semble être à sa portée.

## ■ Tenancière de bar aux Philippines

Souvent lorsqu'on fait des bilans, on se rend compte que le premier amour est le plus important, le plus beau et le plus fort. C'est pourquoi il est envisageable que Lorie plaque tout pour partir aux Philippines retrouver celui qui a fait d'elle une femme, Billy Crawford, et qu'elle ouvre un bar à opium avec lui.

# Votre « target » vous dit : « Moi, j'écoute un peu de tout. » Que faire ?

- Lui **péter la gueule**.
- Passer **outre** (car vous êtes vraiment en chien).
- Passer à la **vitesse supérieure**. Si il (ou elle) écoute « de tout », cela signifie peut-être qu'il (ou elle) est très ouvert(e) sexuellement. Qui ne tente rien n'a rien.
- Le (la) questionner sur l'attitude qu'il (ou elle) aurait adoptée en **temps de guerre**.
- Poursuivre la conversation dans ce sens : « Donc t'es plus **ambient ou shoegaze** ? » « Tropical ou néo variét ? » « Sanson ou France Gall ? »
- Lui **vomir** dessus.
- Parler de politique pour qu'une **embrouille** démarre enfin dans cette soirée.
- Vous resservir une **double vodka tonic** tout en soutenant son regard avec une attitude qui ne cache en rien votre mépris et votre condescendance, bien au contraire.
- Lancer **une chenille** sur un mashup de Patrick Sébastien et de Sonic Youth, parce qu'on ne vit qu'une fois. Yolo !

# Prévision nécrologique : Cali

**Bruno Caliciuri, dit Cali, qui était autant connu pour être l'une des figures de proue de la « nouvelle chanson française » que pour ses prises de positions politiques, vient de décéder.**

Le chanteur a toujours été animé par une âme de combattant contre ce monde dégueulasse et son arme, c'était la musique. Il est né rebelle et il est parti rebelle... D'ailleurs, ses premiers groupes s'appelaient respectivement Pénétration Anale et Les Rebelles, sa façon à lui de faire la nique à la société.

Présent pour le combat des sans-papiers, présent pour le combat en faveur de l'écologie, il était notre bonne conscience, on s'en référait intérieurement à lui quand on ne faisait pas le tri sélectif.

Ce qui lui a coûté la vie ? Rallier officiellement le PS, comme bon nombre d'anonymes. Samedi dernier, lors d'une séance de dédicace de son dernier opus, *Par-delà la verrière bleue on devinait ton échine courbée*, un fan de la première heure, visiblement encarté UMP selon la gendarmerie de Perpignan, n'aurait pas supporté ses amitiés avec le parti de gauche et lui aurait jeté sur le haut du crâne l'intégrale de la discographie de Michel Sardou. Le coup fut fatal.

Trop bouleversée, Ségolène Royal reste injoignable.

**Prévision épitaphe : *« C'est quand, le bonheur ? »***

## Dilemme de vie #6

**Tu préfères avoir la coupe de Larusso pour toute la vie**

**ou**

**le maquillage d'Armande Altaï les soirs de pleine lune ?**

# Évolution du moral à l'écoute de Barbara*

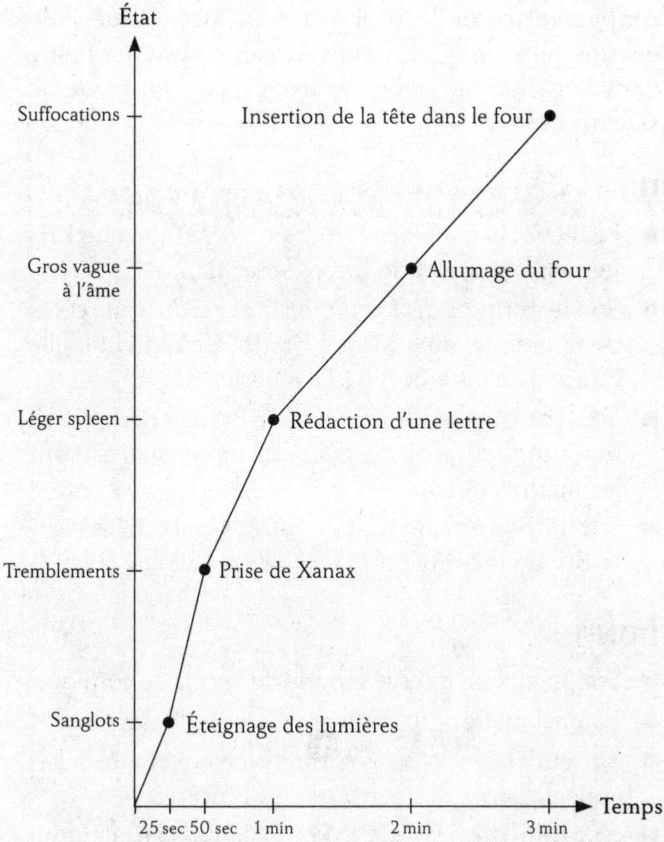


* Fonctionne aussi avec les chansons de Léo Ferré, Jacques Brel et Julie Zenatti.

# Les do's et don'ts de Liane Foly

Ambassadrice de la soul à la française, Liane Foly est une tigresse qui a su laisser son empreinte féline dans la galaxie jazzy de France. Passage en revue de sa carrière.

## DO's

- Le recours au même chirurgien esthétique que Kris Jenner, la maman de Kim Kardashian.
- Son featuring dans *Joséphine Ange gardien* aux côtés de sa grande amie Mimie Mathy. Ce qui fait d'elle une artiste polymorphe à l'américaine.
- Son parrainage de l'équipe de France de football féminin, un sport où glamour et sensualité sont les maîtres mots.
- Son interprétation tout en finesse de la théière sur la BO du dessin animé *La Belle et la Bête*.

## DON'Ts

- Son incursion dans le monde du spectacle comique.
- La profanation de l'œuvre de Daniel Balavoine.
- Sa tendance à trop vouloir voler la vedette à ses collègues lors des concerts des Enfoirés.
- Sa rupture avec André Manoukian. Ils auraient pu devenir les nouveaux Shirley et Dino.

# Ingrédients de chansons #3

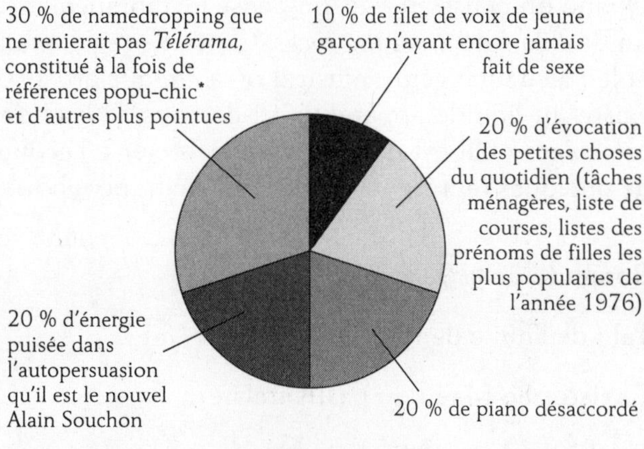


**Vincent Delerm**

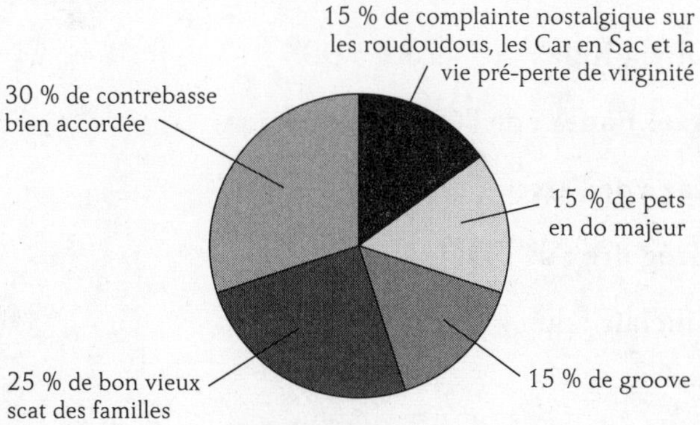


**Michel Jonasz**

---

* Cf. le chapitre « Popu-chic », p. 35.

# Un artiste - un breuvage*

Quand on pense au jazz, on pense instantanément à un double scotch *on the rocks*. C'est une règle infaillible : à chaque genre musical ou à chaque artiste, il existe un liquide apparenté. Ci-dessous, la liste des breuvages qu'il est de bon ton d'associer à l'écoute de quelques représentants de la scène francophone :

**Renaud :** de la Suze

**Tal :** de l'huile de foie de morue

**Christophe Maé :** du pastis frelaté

**Raphael :** du gasoil

**Elsa :** du Calgon liquide

**Olivia Ruiz :** de l'alcool à 90°

**Axel Bauer :** de l'éther diéthylique

**Zaz :** de l'arsenic

**Grégoire :** de l'acide

**Sinclair :** du cyanure

---

* Pour votre santé, attention à l'abus d'alcool.

## Dilemme de vie #15

**Tu préfères
qu'on
te demande tous
les jours
où est Babacar
ou
que Sinsemilia
joue sous
ta fenêtre tous
les soirs ?**

# Dix choses mieux qu'une chanson de Calogero

- Des lasagnes au **cheval**.
- Une diarrhée **aiguë**.
- L'application Word qui lâche **inopinément** avant qu'on ait pu enregistrer son document.
- L'émission musicale *Chabada* présentée par Daniela Lumbroso spéciale **Dany Brillant**.
- Être impuissant pendant tout un **semestre**.
- Être **coincé** dans un ascenseur sous MDMA avec sa belle-mère.
- Découvrir que sa petite amie est en fait **sa sœur**.
- L'intégrale de **Manu Chao**.
- La **surdité**.
- Être **radié** de Pôle emploi.

# Bingo Bernard Lavilliers

Citoyen du monde, amoureux des grands espaces mais avant tout bouffeur de vie, Bernard Lavilliers s'est imposé comme le conteur hexagonal numéro 1 de lointaines aventures. Ci-dessous, ses inspirations majeures sous la forme d'une grille de bingo.

| | | |
|---|---|---|
| Le bitume | Tracer sa route | Le parfum de Maria Eduarda (rencontrée à la favela Marra de Providencia) |
| La poussière ocre qui nous brûle les yeux | Thaïs, mère célibataire exemplaire de Salvador de Bahia | Les horizons lointains |
| Le reggae | Le scandaleux système carcéral français | Le prolétariat dans l'arrière-pays stéphanois |
| Les effluves de Cuba | La dope, cette chienne | Carpe diem |

# Typologie du arenbi féminin français

Le arenbi féminin français est une grande cour des Miracles où se côtoient femmes à poigne et créoles aux diamètres imposants. Il paraît nécessaire, sinon indispensable, de mettre de l'ordre dans cette grande famille et d'établir une typologie de ses représentantes les plus marquantes.

## ■ La chanteuse cul(te) : Ophélie Winter

Ophélie Winter a marqué de son empreinte la pop culture des années 90 autant que le Bi-Bop a révolutionné la téléphonie mobile de cette époque.

Elle a tout simplement été incontournable entre 1995 et 2000 grâce à de nombreuses émissions télévisées, une poignée de singles (*Dieu m'a donné la foi, Shame on U, Sache*), quelques décolletés plongeants et un vocabulaire emprunté à Jean-Claude Van Damme.

La décennie suivante se sera en revanche montrée beaucoup plus cruelle avec la chanteuse groove. On attend avec impatience la fuite d'une éventuelle sextape avec Prince, avec qui elle aurait eu une idylle (aussi improbable que leur différence de taille) pour relancer sa carrière.

## ■ La winneuse : Shy'm

Il faut savoir que Shy'm a grandi à Plaisir (78) et qu'elle est le sosie officiel d'Alicia Keys, autant dire qu'elle était prédestinée à une vie de gagne et de prestige. Grâce à son mentor, K.Maro, elle a su gagner un public et construire une carrière, s'éloignant petit à petit du registre urbain où elle aurait pu rester enfermée. Aujourd'hui Shy'm remplit Bercy, s'engage pour le mariage pour tous aux NRJ Music Awards, exécute des chorés incroyables et vend des centaines de milliers de disques. Tremble, Mylène Farmer !!!

## ■ La victime : Vitaa

Même si elle a sans doute accompli de grandes choses au sein du arenbi français, Vitaa restera pour toujours associée à ce duo mythique qu'elle a effectué avec Diam's, *Confessions nocturnes*. « Mel, assieds-toi faut qu'j'te parle » est tout simplement devenue une punchline à la fois culte et hilarante – pour toute personne ayant été pourvue d'un autoradio ou d'une télévision dans les années 2000 – qui laisse présager une lourde révélation.

## ■ Le sosie de la fille d'Ingrid Betancourt : Leslie

Fer de lance du mouvement Raï'n'B, Leslie a débuté dans le célèbre télé-crochet de M6, *Graine de star*. Grâce à sa prestation, elle s'est rapidement fait repérer et a enchaîné les tubes d'obédience Raï'n'B tels que *Le Bon Choix, Je suis et je resterai, Et j'attends, Sobri,* le tout sous la houlette du duo Kore & Skalp. De par ses origines vietnamiennes et wallisiennes et son amour des sonorités dites « world » Leslie incarne à elle seule le brassage culturel qui fait de la France un pays si riche et bigarré. On la retrouve également au sein de l'association de malfaiteurs mieux connue sous le nom de Génération Goldman.

## ■ La vénère : Zaho

Elle l'a annoncé tout de go dès son premier album : elle est une « Femme tout-terrain ». Aussi n'hésite-t-elle pas à se rebeller contre les mecs un peu craignos (cf. *C'est chelou*) ou encore à faire de vraies déclarations qui ne manqueront pas de marquer leur époque, ex. : « J'veux pas de boloss dans ma life » dans la chanson *Boloss*. Un discours fort qui est l'équivalent du « I have a dream » de Martin Luther King pour les jeunes filles entre 15 et 17 ans.

## ■ La Milf : Sheryfa Luna

Sheryfa Luna s'est fait connaître en 2007 en remportant la quatrième édition de l'émission *Pop stars* pendant laquelle elle ne se rend pas compte qu'elle est enceinte. Son déni de grossesse, qu'elle a évoqué dans son autobiographie, *T'étais déjà là mon fils, mais...*, est donc davantage connu que ses « tubes » *Quelque part, Il avait les mots, Yemma.*

# Dilemme de vie #16

**Tu préfères avoir la coupe de Desireless pour toute la vie**

**ou**

**le foie d'Arno pour six mois ?**

# Que faire si votre meilleur ami vous annonce soudainement qu'il est fan de Téléphone ?

- **Respirez** et faites trois pas en arrière.
- Asseyez-vous et **chialez** un bon coup, ça ira mieux après.
- Remettez **instantanément** en question vos 15 années d'amitié et acceptez que tout ce qu'il vous a dit durant cette période est totalement dépourvu de valeur.
- Demandez-vous tout de même si vos agissements ont pu mener votre ami vers cette sordide direction, mais surtout **ne le jugez jamais**. On a tous nos raisons.
- Trouvez une **famille d'accueil** pour son fils, Jean-Louis.
- Demandez une mise **sous tutelle**.
- Couchez avec **sa femme** (c'est tout ce qu'il mérite après tout, cet enfoiré).
- **Mariez-vous** avec elle.
- Partez en **lune de miel** à New York.
- Envoyez une carte postale de New York à destination de Saint-Anne, sa **nouvelle résidence** tout confort adaptée à ses nouveaux besoins.

# Tout ce qui est ersatz

La chanson française comporte son lot de talents et comme sur les plages de la région niçoise, la version originale est souvent suivie de contrefaçons. Nous avons identifié à juste titre certains individus qui font figure d'ersatz de leurs illustres aînés.

## ■ VINCENT DELERM

Le namedropping sentimental et cultivé, la voix chevrotante et la mélancolie. Si nous omettions de mentionner la forte présence du quotidien (liste de courses, etc.) dans ses chansons, on pourrait croire que l'on parle d'Alain Souchon. Que nenni ! Nous évoquons ici sa version plaquée or, Vincent Delerm, celui qui aime à chanter ses virées au *Shopi* du coin et ses déceptions amoureuses. Il a même poussé le vice en invitant son idole Alain à venir chanter avec lui à de multiples reprises.

## ■ JEANNE CHERHAL

Jeanne Cherhal, à défaut se se lancer dans une discographie originale, sait parfaitement manier l'art de ~~la pale copie~~ l'hommage à une illustre chanteuse Véro Sanson. Son dernier album en date, *Histoire de J.*, veut d'ailleurs se positionner en filiation directe avec son idole*. À sa décharge, il est vrai que certaines chansons sonnent bien comme des chutes de démo de son élégante aînée.

## ■ ÉMILIE SIMON

La musique d'Émilie Simon est une étonnante bouillabaisse sonore constituée de tentatives électro et d'envolées lyriques. En cela, elle se voudrait être la digne héritière de Kate Bush.

Mais les plumes, les grelots et tous les artifices chers à un farfadet digne de ce nom n'y feront rien. Quand on écoute Kate Bush on se rêve en héroïne des *Hauts de Hurlevent* mais quand on écoute Émilie Simon on a plutôt une pensée inquiète pour le statut des intermittents du spectacle du Puy-du-Fou.

---

* Cf. le chapitre « Ingrédients de chansons #4 », p. 123.

# La fan de Claude François

## Claudette, 67 ans, Limoges, anciennement fonctionnaire

- Est intimement persuadée que son prénom la lie de manière intemporelle et fusionnelle avec Claude François.
- A tenté à deux reprises d'intégrer les Clodettes : à Dieppe en 1968 puis à Calais en 1971.
- Est entrée dans le *Guinness Book* des records pour avoir visionné 457 fois *Cloclo*, le biopic sur son idole. Selon elle, Jérémie Rénier a vraiment fait du bon boulot.
- À chaque 1er février, date de naissance de Claude, elle effectue un voyage à Dannemois dans l'Essonne, une petite bourgade où il est enterré pour y déposer un bouquet de magnolias.
- Regrette amèrement que l'œuvre de son idole ne soit pas appréciée à sa juste valeur : « Il nous a quand même apporté des shows à l'américaine. »

*Sa devise :* « Comme on fait son lit on se couche. »

*La qualité qu'elle préfère chez un homme :* l'autorité.

*Son plat préféré :* des ravioles de Royan.

*Son plus grand malheur :* la naissance du rap.

*Sa couleur préférée :* le lilas.

*Son rêve de bonheur :* partir en croisière à Alexandrie.

# Les envies d'évasion de Jean-Jacques Goldman

**Jean-Jacques Goldman, JJG pour les intimes, a beau être le symbole ultime de la variété française populaire, il n'en demeure pas moins un baroudeur invétéré, curieux et gourmand du monde qui l'entoure et qui ne cesse de l'inspirer. Ses plus grands succès ont ainsi célébré ses rêves d'horizons lointains :**

### *Au bout de mes rêves* (1983)

« *J'irai au bout de mes rêves/Tout au bout de mes rêves/*
*Où la raison s'achève/Tout au bout de mes rêves/*
*Et même s'il faut partir/Changer de terre et de trace/*
*S'il faut chercher dans l'exil/L'empreinte de mon espace...* »

Avec ce titre, JJG pose les bases d'une écriture aventureuse, avide de nouveaux horizons. Jean-Jacques a beau s'essayer à la variété française, il indique par la présente qu'il ne compte pas s'enfermer dans un carcan franchouillard. Le monde est sa muse.

### *Envole-moi* (1984)

« *Envole-moi (× 3)/Loin de cette fatalité qui colle à ma peau...*
*Envole-moi (× 3)/Remplis ma tête d'autres horizons, d'autres mots...* »

La gagne et l'esprit de compétition de l'auteur-compositeur le plus aimé des Français font clairement écho à l'Amérique, cette terre de tous les possibles, cette terre promise pour tous les *self-made-men* qui sont partis de rien.

Avec *Envole-moi*, il pose les bases d'un thème récurrent : l'évasion outre-Atlantique, que l'on retrouvera trois ans plus tard dans le tube *Là-bas*.

La rumeur veut même que Jean-Jacques Goldman ait gagné une carte Flying Blue à vie avec ce morceau.

### *Là-bas* (1987)

> « *Là-bas/Tout est neuf et tout est sauvage/Libre continent sans grillage...*
> *Ici, nos rêves sont étroits/C'est pour ça que j'irais là-bas...* »

La légende dit que Jean-Jacques aurait écrit ces paroles après avoir visionné *Wall Street* d'Oliver Stone, avec Michael Douglas et Charlie Sheen. Un film à la gloire de l'Amérique et de ses valeurs fondamentales : l'argent et la gagne. L'auteur-compositeur n'a jamais confirmé ou infirmé ces allégations et aujourd'hui encore le mystère reste entier.

### *On ira* (1997)

> « *Oh belle, on ira/On partira toi et moi, où ?, je sais pas*
> *Y a que les routes qui sont belles*
> *Et peu importe où elles mènent...* »

Jean-Jacques a beau être hyper installé dans le paysage musical français en étant le premier récipiendaire des comptes de la Sacem, et en étant le chanteur préféré des Français (en alternance avec Yannick Noah depuis un millénaire), il a encore et toujours envie d'évasion. La beauté est éphémère, aussi est-elle ailleurs. Et Jean-Jacques, en bon poète urbain qu'il est, se doit de partir à sa recherche.

*On ira* ne serait-elle pas une réplique du classique *Born to Run* du Boss de la musique américaine, Bruce Springsteen ?

À la différence près que ce dernier enfourche une grosse Harley-Davidson pour voir du pays quand ce bon vieux Jean-Jacques se déplace avec le train des Enfoirés.

# Les petits coquins

La chanson française, ce n'est pas que de la chanson engagée ou de la chanson « réaliste », Dieu merci. Ça peut aussi être des chansons légères et coquines.

## ■ SERGE GAINSBOURG

Serge Gainsbourg était un génie, l'histoire est connue de tous. Mais Gainsbourg était aussi un petit coquin. En témoignent son ode à la fellation chantée par France Gall (et compris de tous sauf d'elle-même), son texte équivoque et limite d'obédience belge sur *Lemon Incest* ainsi que toute sa période Gainsbarre sur disque (*Love on the Beat, Sea, sex and sun*) comme en plateau télé. (Depuis l'au-delà Whitney Houston et Serge doivent bien se marrer en repensant à leur passage mythique chez Michel Drucker.)

## ■ FRANCKY VINCENT

Avant sa tentative infructueuse de reconversion dans le monde de la restauration dans le Val-de-Marne (cf. la chanson *Le Restaurant),* Francky Vincent a été un chanteur à succès. Il a même su faire aimer la musique des DOM-TOM à des familles FN en milieu rural, grâce à ses contes sexuels zouk tels que *Fruit de la passion* ou *Tu veux mon zizi.*

## ■ LES CHANSONS PAILLARDES

Affectionnées tout à la fois par Maurice, votre vieil oncle célibataire qui habite dans le Nord-Pas-de-Calais pour des raisons inconnues, mais aussi par toute la confrérie des chasseurs de France et étudiants en médecine qui sont environ à 4 g chaque soir, les chansons paillardes (chansons crues et chaleureuses) font bel et bien partie du paysage musical français. Nos préférées : *J'ai la quéquette qui colle, La Grosse Bite à Dudule, La Salope* et bien sûr : *Tiens ! Voilà mon zob.*

## Dilemme de vie #17

**Tu préfères savoir ce qu'il y a sous le grand chapeau de Tata Yoyo**

**ou**

**vivre en autarcie en Patagonie avec Florent Pagny ?**

# Typologie capillaire de la chanson française

## ■ LE MULET

Il s'agit d'une coiffure qui consiste à porter les cheveux courts à l'avant et longs à l'arrière, au niveau de la nuque. Le mulet fut popularisé par les footballeurs de l'ex-RDA avant d'être frénétiquement repris par tous les chanteurs néoromantiques au début des années 80. En France, les dignes représentants de cette hérésie capillaire sont également nombreux : Daniel Balavoine s'est évertué à le porter tout au long de sa carrière, Francis Cabrel a été un fidèle pendant de nombreuses années. Même Alain Bashung s'est laissé aller à cette démence.

On note par ailleurs que le mulet est très prisé par toute personne dont le prénom commence par J : Jeanne Mas, Jean-Pierre François, Jean-Jacques Goldman, Johnny Hallyday, Jean-Louis Aubert, Jean-Louis Murat.

## ■ LA MOUSTACHE

L'avantage de la moustache est qu'on peut l'arborer et la customiser au gré de ses envies et de ses humeurs. On peut ainsi la porter :

- **fine** tel feu Fred Chichin des Rita Mitsouko (pendant moustachu français de Ron Mael des Sparks) ;
- **bien épaisse** à l'instar de Jean Ferrat, George Brassens (y a-t-il une corrélation entre l'engagement politique et l'épaisseur de la moustache ?) ou encore Pierre Vassiliu ;
- **blonde** comme Christophe qui su faire évoluer sa pilosité faciale en concomitance avec ses délires artistiques.

### ■ LA BANANE

Protubérance cylindrique qui n'est pas sans rappeler la forme du fruit du même nom, cette coiffure réalisée à l'aide de gel, de gomina ou encore de pento est née chez les rockers américains dans les années 50. Aussi, tous nos rockers nationaux tels que Johnny Hallyday, Eddy Mitchell et Dick Rivers s'évertuent à recréer cette audace capillaire depuis des décennies.

### ■ LA BARBE

Signe manifeste et ostentatoire de bonhomie et de jovialité, la barbe est souvent portée par des ménestrels en quête de voyages du corps et de l'esprit (Sébastien Tellier, Demis Roussos, Carlos).

### ■ OCNI (Objet capillaire non identifié)

Le cheveu est l'accessoire le plus important pour toute personne morale qui souhaite séduire ses congénères. Il est donc important de s'en remettre à un coiffeur visagiste digne de ce nom pour réaliser une belle opération. Des exemples assez violents nous prouvent pourtant que certaines vedettes de la chanson sont des êtres humains qui font des erreurs comme tout le monde. Au final ils se retrouvent avec une capillarité non identifiée, qui peut ressembler tour à tour à : un caniche gratiné (Larusso), un caniche platine (Michel Polnareff), un Ewok passé au sèche-linge (Florent Pagny).

# Alain Souchon : Fiche signalétique

## Faits marquants

- Figure de proue de la variété française, Alain Souchon s'est toujours distingué de ses copains des Enfoirés par son écriture délicate et mélancolique influencée par la musique anglo-saxonne.
- Avec Laurent Voulzy, ils sont un peu les Simon & Garfunkel de l'Hexagone, quoi.
- Il a partagé deux fois l'affiche au cinéma avec Isabelle Adjani, dans *Tout feu, tout flamme* et *L'Été meurtrier*. Et bizarrement, il n'a jamais été tenté de commettre un homicide sur sa personne.

## Fun facts

- Certaines critiques audacieuses disent de lui qu'il est le Morrissey français.
- Il a raté trois fois son bac mais s'exprime tout de même mieux que David Douillet, ancien ministre des Sports.
- *Foule sentimentale* est une *protest song* bien plus puissante que toute la discographie de Noir Désir.
- La rumeur dit qu'un sort lui a été jeté dès les années 70 : il ne peut pas se déplacer sans Laurent Voulzy à ses côtés.
- Facétieux, il a chanté *J'ai 10 ans*, alors qu'il en avait trente. Il procède ainsi à l'inverse de Lorie.

**Taux de postérité : 100 %**

## Dilemme de vie #18

**Tu préfères qu'Indila écrive le nouvel hymne national**

**ou**

**que Maître Gims représente la France à l'Eurovision ?**

# Le Raï'n'B

Française, cette musique hybride est pourtant nourrie d'influences nées aux confins du Maghreb et des États-Unis. Le duo de producteurs urbains Kore et Skalp en sont les créateurs. Ce dernier est l'époux de la chanteuse Leslie, qui est la figure de proue du mouvement grâce notamment à *Sobri*, le tube qu'elle a chanté en duo avec Amine.

Le Raï'n'B a été très populaire au milieu des années 2000, à tel point qu'une compilation nommée *Raï'n'B Fever* sort en 2004, suivie de quatre autres éditions sur lesquelles on retrouve, entre autres, K-Reen, Kenza Farah, Rim'K, Sinik et encore plein d'autres personnes qui ont opté pour la lettre K dans leur pseudo.

Si la chanteuse Leslie continue tant bien que mal d'occuper le paysage musical français*, on est en droit de se demander si le Raï'n'B ne porte pas malheur pour les artistes qui y sont assimilés. On reste en effet sans nouvelle à ce jour d'Amine et les rumeurs les plus perfides circulent sur le compte de Faudel. La plus connue reste celle qui dit qu'il a ouvert un kébab en région parisienne. Le mystère reste entier mais il a récemment été aperçu avec un léger embonpoint, ce qui vient étayer cette thèse pondérale.

Le monde, toujours avide de *revival* en tous genres et toujours ravi de se vautrer dans la nostalgie, n'a toujours pas opté pour un retour du Raï'n'B.

Quelques morceaux classiques de Raï'n'B :

- *Sobri*
- *Raï'n'B fever*
- *C l'ambiance*

---

* Cf. le chapitre « Les hommages ratés », p. 22.

# Quelle attitude adopter pour assister à un concert de Zaz ?

- Venir avec sa joie et sa bonne humeur, car même si la vie est une chienne elle procure des **sensations intenses**.
- Renoncer à tout lavage, **y compris capillaire**, à peu près deux mois en amont / procéder éventuellement à la création de dreadlocks.
- Renoncer à l'éradication de toute **pilosité**.
- Se doter d'un **chien-loup**.
- S'arracher deux ou trois **dents**.
- Opter pour un pantalon bouffant de type **sarouel**.
- Opter pour un **poncho*** si le concert se déroule en hiver.
- Cacher ses 8.6 dans son poncho si le concert se déroule **en hiver**.
- Cacher ses 8.6 dans ses dreadlocks si le concert se déroule **en été**.
- Venir avec son **diabolo**.
- Apporter de la « fumette qui fait tripper un **truc de ouf** ».
- Apporter un peu de pétrole désaromatisé afin de festoyer comme il se doit avec les amis **cracheurs de feu** présents sur place.

---

* En alpaga bio uniquement, le poncho.

# Quiz embrouille

Les embrouilles entre individus du show-biz ne sont pas réservées qu'aux rappeurs. Des gens « très bien » de la chanson française laissent parfois échapper quelques attaques acides à l'encontre de leurs congénères. Qui a dit quoi ?

**1. « On me propose à chaque fois des duos improbables. Je n'ai pas envie de chanter avec Mimie Mathy ni de me déguiser en clown pour interpréter *La Mamma* d'Aznavour. »**

A. Johnny Hallyday
B. Line Renaud
C. Renaud

**2. « Le pire, c'est Bénabar. Lui, c'est le champion. Je comprends pas comment on peut avoir envie d'être ce gars-là. Quand j'étais petit, je rêvais d'être un Beatles ou un Platini. Tu te fantasmes pas en mec habillé en fonctionnaire des postes qui te dit : "Tiens, on va se faire livrer une pizza." »**

A. Jean-Louis Murat
B. Patricia Kaas
C. Benjamin Biolay

**3. « Diam's, c'est un druide, aux dernières nouvelles. Elle a une maison dans la forêt et donne des cours de Coran. C'est bien si elle a trouvé sa voie. Au moins, elle ne rappe plus. »**

A. Seth Gueko
B. Booba
C. Ménélik

**Réponses :** 1C, 2C, 3B.

# Quelques snobismes à égrener lors de vos dîners en ville

« Quoi, t'as toujours pas entendu le concerto à quatre mains de Richard Clayderman et Sébastien Tellier ??!! »

**« La période cubiste de Dionysos, ça me fait vraiment penser au *Beau bizarre* de Christophe, tu vois ? »**

« La version coréenne d'*Il a neigé sur yesterday* est à chialer. LA-CHAIR-DE-POULE. »

**« Donc tu savais pas que l'édition limitée japonaise du concept album de Chantal Goya était utilisée en ce moment même comme illu sonore au Palais de Tokyo ? Sérieux ? »**

« Mais enfin, tous les vrais fans de Bowie savent que Mylène Farmer a été sa muse à l'été 89. »

**« Il paraît que Kanye West envisage de faire une reprise d'*Au bal masqué*. »**

« Brian Eno, c'est un peu le Michel Polnareff anglais. »

**« La dimension lacanienne chez Calogero a vachement été sous-estimée quand même. »**

« En fait, France Gall écrivait vraiment ses chansons. C'est par pudeur qu'elle se disait simplement interprète. »

# Où croiser les vedettes de la chanson française ?

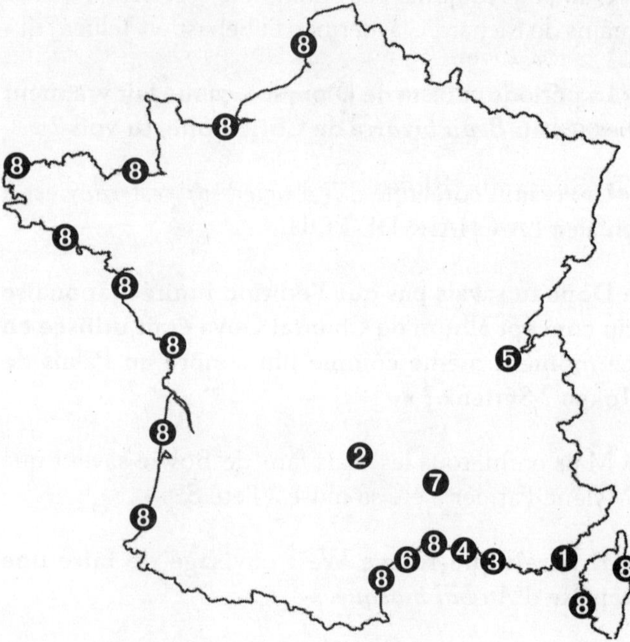


❶ À Saint-Tropez vous aurez l'opportunité de croiser sur la plage de Papagayo **Johnny Hallyday** venu parfaire son éclatant bronzage en compagnie de l'hologramme d'Eddie Barclay.

❷ L'air frais de la région et son aligot si goûtu poussent **Zaz** et ses canidés à venir se ressourcer régulièrement en Aveyron.

❸ Aidé d'une bonne bouillabaisse et d'une vivifiante mauresque, **Patrick Fiori** compose paisiblement aux confins des calanques marseillaises ses plus belles ballades, bercé par la douce cymbalisation des cigales.

❹ **Dick Rivers** aime à chevaucher hors saison des étalons aux Saintes-Maries-de-la-Mer, le Nashville français.

❺ **Benjamin Biolay** est très friand du saucisson brioché du restaurant *Le Saint Cochon* dans le 2e arrondissement de Lyon.

❻ **Keen'V** tient absolument à rester proche de son public, aussi élit-il ses quartiers d'été au Cap-d'Agde.

❼ Figures de proue de la scène alternative du Languedoc-Roussillon, **Cali et Olivia Ruiz** pratiquent ensemble régulièrement l'accrobranches dans les Cévennes.

❽ Dans le cadre de son concept album live intitulé *40 degrés à l'ombre*, **Bénabar** sera présent dans bon nombre de stations balnéaires de l'Hexagone : La Rochelle, La Grande-Motte, Valras-Plage, Saint-Jean-de-luz, Le Touquet-Paris-Plage, etc.

# Les excuses à feindre si on vous invite à un concert de Zebda

- J'peux pas, je vote **UMP**.
- J'peux pas, j'ai des **acouphènes** horribles j'te raconte pas.
- J'peux pas, je viens tout juste de me **laver**.
- J'peux pas, je suis **allergique** aux rongeurs.
- J'peux pas, j'ai pas de **chien**.
- J'peux pas, le p'tit a encore tout **vomi** et sa mère tu sais, elle est crevée. C'est pas facile entre nous en ce moment. Les couches, les pleurs, les nuits blanches, notre intimité en a pris un coup si tu vois ce que je veux dire.
- J'peux pas j'ai **l'appendicite** qui se déclenche. Aïe.
- J'peux pas je suis garé en **double file**.
- J'peux pas, j'ai **sport-elec**.
- J'peux pas j'ai **couché** avec la femme du chanteur, ça la fout mal.

# Une journée type de Mylène Farmer

**4h :** Réveil aux aurores afin de profiter de Dame Nature.

**6h :** Petit déjeuner : smoothie de sang de brebis aux airelles et tartines de placenta.

**8h :** Balade dans la forêt de Bois-d'Arcy en quête d'inspiration.

**10h :** Séance de pilates puis de body combat avec son coach.

**13h :** « Errance volontaire » dans les couloirs du musée de la Vie romantique à Paris.

**15h :** Thé vert autour d'un point compta/Sacem avec Laurent Boutonnat.

**16h45 :** Visionnage quotidien de *Nosferatu*.

**18h30 :** Petit sieston dans son caisson à oxygène suivi de son changement quotidien de sang.

**20h30 :** Barbecue de rat dans les catacombes de Paris.

# Dilemme de vie #19

**Tu préfères que ta petite sœur ait comme baby-sitter Doc Gynéco ou La Fouine ?**

# Florent Pagny : Fiche signalétique

## Faits marquants

- Artiste engagé, Florent n'hésite pas à dénoncer les journalistes, des « artistes ratés et frustrés » dans la chanson *Presse qui roule.*
- Avant d'être le sosie officiel d'Arturo Brachetti, il était un jeune rocker de diamant qui sortait avec Vanessa Paradis.
- Il a vendu plus de 1,5 million d'exemplaires de l'album *Savoir aimer* en 1997.
- A été avant-gardiste au moins une fois dans sa vie : au moment de son exil (fiscal ?), bien avant Johnny Hallyday et toute la clique.

## Fun facts

- Chacune de ses tenues est consitutée d'une famille nombreuse et homoparentale de serpents (trois bébés serpents accompagnés de deux mamans serpents).
- Continue de communiquer en langage des signes avec Pascal Obispo.
- Il vise le record du monde de changements capillaires au sein d'une seule et même vie.
- Sa liberté de penser a finalement été vendue à l'émission *The Voice.*

**Taux de postérité : 37,2 %**

# Le roulage de « r » intempestif

Pourquoi cette curieuse prononciation a-t-elle un jour été usitée, et pourquoi n'est-elle tout bonnement pas interdite par la fédé jusqu'au jugement dernier ?

Le roulage de « r » intempestif se pratique beaucoup dans la chanson française, notamment dans la chanson dite « engagée », comme s'il y avait une corrélation entre cet effet sonore et la puissance de votre adhésion au Parti communiste. Absurde et énervant.

Certains imputent cette prononciation hautement irritante à l'accent des titis parisiens mais *quid* de Jacques Brel, et Georges Brassens ? Les deux bougrrrrrrrrrres ne venaient pas vraiment de Belleville ni de Montmartre.

En 1997, Louise Attaque remet au goût du jour cette infamie linguistique avec sa chanson *J't'emmène au vent*. Et nos oreilles saignent encore.

Aujourd'hui le mal continue de se répandre comme une traînée de poudrrrrre : Stromae, le clown triste, le triste sire du Top 50, s'évertue à reprendre cette pratique insupportable dans toutes ses chansons. Étant donné que l'homme passe à la radio et à la télévision en rotation lourde mais qu'il est aussi présent au sein de la playlist de votre Franprix de quartier, et dans celle de tout le réseau Picard hexagonal, il est difficile d'y échapper.

À noter que ce procédé guttural est également employé par tous les chanteurs de bal, de guinguette (amateur et professionnel, on a d'ailleurs une grande pensée pour Anne-Laure Sibon de la *Star Academy* numéro 2) et autres « zicos » au cœur tendre du métro.

# La fan de Camille

**Magalie, 36 ans, prof d'arts plastiques, animatrice à la MJC de Longjumeau**

- Aime emmener ses élèves à Fontainebleau afin qu'ils méditent tous ensemble sur l'importance des quatre éléments qui constituent Dame Nature.
- Ambitionne de partir aux prochaines vacances de la Toussaint en Australie afin de s'exercer à sa passion du didgeridoo in situ.
- Porte uniquement des couleurs pastel car elles lui permettent d'ouvrir ses chakras.
- Se nourrit exclusivement à partir de son potager bio.
- Refuse de porter des chaussures, une aliénation consumériste.

*Sa devise :* « Si tu as de nombreuses richesses, donne ton bien ; si tu possèdes peu, donne ton cœur. »

*La qualité qu'elle préfère chez un homme :* l'abnégation.

*Son plat préféré :* du bœuf sauce gombo.

*Son plus grand malheur :* les fruits et légumes sous vide.

*Sa couleur préférée :* le vert pastel.

*Son rêve de bonheur :* transmettre un karma positif à ses élèves.

# Le douloureux problème des comédies musicales françaises

Le saviez-vous ? La comédie musicale la plus connue au monde, et la plus réussie, est l'adaptation du roman de Victor Hugo *Les Misérables*. La version française a été créée en 1980 au Palais des Sports de Paris mais elle n'a pas rencontré le succès escompté. Contre toute attente, son adaptation à Londres en 1985 puis quelques années plus tard à Broadway, a connu un succès retentissant et plusieurs versions sont nées aux quatre coins du monde.

Il faut savoir que l'on doit ce succès mondial à deux Français, Alain Boublil et Claude-Michel Schönberg, soit la preuve irréfutable que des Gaulois peuvent se prêter avec grâce et talent à l'exercice de la comédie musicale.

Pourtant, depuis lors, et *Starmania* mis à part, les comédies musicales « à la française » s'apparentent davantage à un carnage musical plutôt qu'à du divertissement de qualité. La liste n'est pas exhaustive afin de ne pas totalement heurter les âmes sensibles.

## ■ *Notre-Dame de Paris* (1998)

Fer de lance d'un renouveau de la comédie musicale française, *Notre-Dame de Paris* a eu la bonne idée de faire connaître dans nos contrées un artiste québécois féru de lycanthropie, le bien nommé Garou.

### ■ *Les Dix Commandements* (2000)

Pascal Obispo, Lionel Florence, Kamel Ouali et un ancien de Pow Wow au service de ce péplum musical. Tout est dit.

### ■ *Cindy* (2002)

Il s'agit ici du point d'orgue d'un pétage de plomb généralisé : la production à la chaîne de comédies musicales médiocres entre la fin des années 90 et le début des années 2000. On soupçonne d'ailleurs que cet engouement soudain pour les comédies musicales en France soit en fait la résultante d'un énorme réseau de blanchiment d'argent. On s'interroge également sur la place qu'a prise l'absorption de stupéfiants au moment de la création de cette œuvre. On note d'ailleurs que l'ecstasy est au cœur de la chanson culte *Rave Party*.

### ■ *Le Roi Soleil* (2005)

Cette comédie musicale censée raconter la vie et les amours de Louis XIV peut s'apparenter à une arme de destruction massive dans la mesure où elle a permis à Christophe Maé d'éclore aux yeux du monde.

### ■ *Mozart, l'opéra rock* (2009)

Il s'agit d'un énième méfait signé Dove Attia et Albert Cohen qui avaient déjà sévi avec *Les Dix Commandements* et *Le Roi Soleil*, entre autres. Avec des titres comme *L'Assasymphonie, Le Bien qui fait mal, Bim Bam Boum, Bonheur de malheur et Vivre à en crever*, on se demande si le livret n'a pas été signé par Laurent Ruquier, le roi du calembour à la française.

# Dilemme de vie #20

**Tu préfères que Natasha St-Pier te suive comme ton ombre**

**ou**

**que Catherine Lara chante *Nuit magique* à chaque fois que le soleil se couche ?**

## Votre fille déclare être amoureuse de M.Pokora, que faire ?

- C'est l'occasion idéale pour la sensibiliser à la question de l'**homosexualité**.
- Vous prenez un **Lexomil** le soir au coucher jusqu'à ce qu'elle se lasse.
- Vous l'initiez au **cannabis** : aux grands maux les grands remèdes.
- Vous lui expliquez qu'à chaque fois qu'elle écoute M.Pokora 24 **bébés chats** meurent dans le monde.
- Vous vous enlevez de vous-même la **garde** de votre fille.
- Vous partez en quête d'un **ravisseur**.
- Vous **l'échangez** contre votre nièce.
- Vous la **déshéritez**.
- Vous décidez de vous intéresser un peu à votre gosse et de lui inculquer une éducation musicale **digne de ce nom**.

# Posologie pour écouter du Eddy Mitchell

*Ne pas écouter Eddy Mitchell dans les cas suivants :*

- Vous êtes un fan hardcore d'Elvis Presley, de Buddy Holly et de Gene Vincent.
- Vous n'adhérez pas au combo collier de barbe/banane/voix de velours.
- Vous êtes ballonné.

## Comment écouter Eddy Mitchell ?

1. Bien régler son sonotone (N. B. : Eddy est l'égérie d'Audition Santé).
2. Parez-vous de votre plus beau polo tie et de votre ceinturon le plus imposant.
3. Mettez vos chaussettes noires.
4. Mettez en route votre gramophone.
5. Servez-vous un bourbon, 12 ans d'âge.
6. Allumez-vous un Cohiba en toute quiétude.
7. Asseyez-vous dans un chesterfield bien cosy, et posez vos tiags sur la table basse tout en pensant à Memphis.

## Effets secondaires

Écouter Eddy Mitchell trop régulièrement peut provoquer :

- L'envie irrémédiable de casser son PEL pour s'acheter une Chevrolet Bel Air cabriolet et partir cheveux au vent sur l'A7 en s'imaginant sur la Route 66.
- L'envie de tartiner ses biscottes avec du pento.
- Le besoin de dormir avec ses santiags.

# Dilemme de vie #21

**Tu préfères aller à un concert unplugged de Zaz ou dîner avec l'hologramme de Grégory Lemarchal ?**

# Tout ce qui est « fils et filles de »

La France, cette grande patrie, cette vaste étendue de tous les possibles, cette terre d'accueil, rayonne dans le monde entier grâce à ses arts et sa culture, toujours copiés mais jamais égalés. Cependant, notre beau pays ressemble de plus en plus à une vieille royauté rouillée qui transmet ses privilèges par le droit du sang. On constate en effet avec effarement que le paysage musical français est de plus en plus gangrené par des « fils et filles de ».

## ■ LA FAMILLE HIGELIN

Izia et Arthur H sont les doux rejetons de Jacques Higelin, troubadour professionnel et écorché vif de service de la chanson française depuis cinq décennies.

Si Arthur H s'est depuis quelques années fait un trou dans le puits sans fond de la variété française, la petite Izia a fait son apparition sur la place publique plus récemment, en 2009. Bien lui en a pris, elle a remporté deux Victoires de la musique, la consécration ultime pour toute rockeuse de diamants qui se respecte.

Avec pour héritage la voix éraillée de papa, sa gouaillerie, les envolées lyriques et sa « putain » de rébellion face à ce « monde consumériste de merde », Izia et Arthur symbolisent à eux deux le fameux « son pop rock » hexagonal.

## ■ LA FAMILLE GAINSBOURG, OU ASSIMILÉS

En Gaule, la famille Gainsbourg est synonyme de famille royale. Aussi si l'un des mouflets issus de Serge ou de Jane, ou des deux, se prend d'une envie irrémédiable d'être chanteur, il est accueilli les bras ouverts par les professionnels de la profession qui voient en eux des êtres aussi singuliers que leurs aïeux.

Si on connaît désormais bien Charlotte et son œuvre tant cinématographique que musicale, plutôt bonne d'ailleurs, on reste encore circonspect devant l'éventuel talent de sa sœur Lou (même si on l'a trouvée très douée en tant qu'égérie de La Redoute et si son premier album, produit par Étienne Daho, a cartonné).

Quant à Lulu, nous nous contenterons de synthétiser en constatant que de sa filiation avec Serge Gainsbourg il a hérité tout le talent de sa mère, Bambou.

## ■ LA FAMILLE CHEDID

Comme une mauvaise nouvelle n'arrive jamais seule, la petite sœur de M, Anna – qui a opté pour Nach comme nom de scène – sort à son tour du chapeau.

Sa musique, subtile mélange de Cœur de Pirate, Camille et Pauline Croze, saura révolutionner les apéros endiablés d'étudiantes en arts plastiques aimant se vêtir chez Antoine et Lili.

# Étienne Daho : Fiche signalétique

## Faits marquants

Dandy pop apparu au début des années 80, Étienne Daho est celui qui a su décomplexer la pop française, en la rendant exigeante, populaire et « cool » à la fois.

*La Notte, la notte, Pop Satori, Pour nos vies martiennes*, pour ne citer que ces trois albums, contiennent plus de chefs-d'œuvre que toute la discographie des Enfoirés réunie.

## Fun Facts

- Il se serait refusé à employer le mot « laxatif » dans son légendaire duo *If* avec Charlotte Gainsbourg par respect pour les fidèles de son public atteints de la maladie de Crohn.
- Si Étienne Daho s'était appelé Vincent Delerm, *Week-end à Rome* se serait nommé *RTT à Mâcon*.
- Certains le soupçonnent d'avoir collaboré avec le groupe Saint Étienne uniquement pour des raisons manifestes de mégalomanie.
- Il préparerait un biopic sur la vie de Julien Doré, son idole.

**Taux de postérité : 112 %**

# Ingrédients de chansons #4

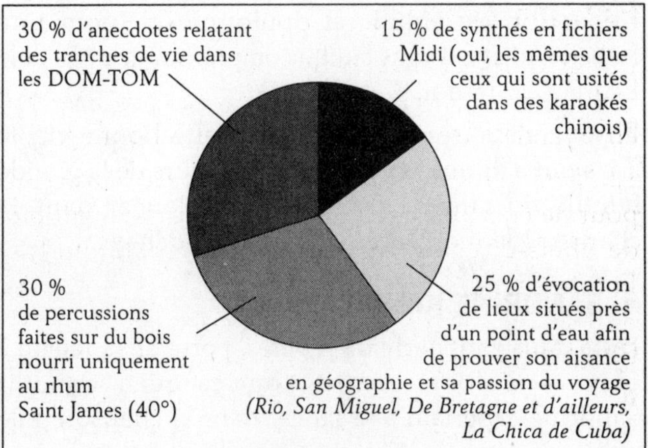


**Philippe Lavil**

**Véronique Sanson***

* Ingrédients également valables pour les chansons de Miossec, Renaud, Arno et Benjamin Biolay.

# Les actrices qui veulent se la jouer chanteuses

L'équation est simple et douloureuse : pour une Isabelle Adjani, il vous faudra compter sur une Mélanie Laurent en retour.

Eh oui, c'est très probablement cette bonne vieille Zaza qui a donné l'envie à ses consœurs de la grande famille du cinéma français de se lancer dans la chanson. Sauf qu'après elle, ce fut le déluge.

## ■ SANDRINE KIBERLAIN

Perte d'un pari, perte de repères, perte de la raison ? C'est sans doute un peu tout ça qui a conduit Sandrine Kiberlain à se lancer dans la chanson. Elle a même senti le besoin de se justifier avec la chanson *La Chanteuse*. Non, vraiment, fallait pas s'embêter, Sandrine.

## ■ MÉLANIE LAURENT

Mélanoche fait les choses par nécessité, car elles s'imposent à elle comme une évidence. Son besoin de s'exprimer à travers son art ne peut tout simplement pas se refréner. Il était donc normal qu'elle choisisse le médium de la musique pour révéler davantage ses émotions. En 2011 elle a sorti un album, *En t'attendant*, un vrai pot-pourri de sons « pop rock » et une ligne de plus à son CV déjà bien rempli. Une vraie touche-à-tout.

## ■ CLAIRE KEIM

Non contente d'avoir bouleversé le PAF avec *Les Yeux d'Hélène* ou *Zodiaque*, Claire Keim n'a pas eu peur de bousculer les codes du show-biz à la française en menant de front une carrière d'actrice et de chanteuse. Son duo avec Marc Lavoine, *Je ne veux qu'elle*, reste la chanson la plus diffusée dans les campings d'Ardèche depuis 2001.

## ■ CHARLOTTE GAINSBOURG

De par son pedigree, Charlotte a une bonne longueur d'avance sur ses rivales. Déjà à l'âge de 15 ans son père lui écrivait l'album *Charlotte For Ever* sur lequel on retrouve le fameux *Lemon Incest*. Depuis lors elle collabore en toute simplicité avec le duo Air, Jarvis Cocker, le chanteur du groupe Pulp, Beck ou encore Neil Hannon de The Divine Comedy. Tenez-vous-le pour dit : il y a Charlotte Gainsbourg, et les autres.

## ■ EMMANUELLE SEIGNER

Après quelques heures de vol au compteur et moins de propositions au cinéma, le plus sage est en effet de se recycler dans la chanson, un univers où le temps qui passe est mieux accepté par les troubadours qui voient avec le cœur et non avec les yeux.

# Les do's et don'ts de Gilbert Montagné

Parce qu'un monde meilleur tout en équité et solidarité passe par l'égalité de traitement, qui que l'on soit, il est normal de soumettre Gilbert Montagné, notre Stevie Wonder national, à un petit bilan :

**DO's :**

- La facétie dont il a su faire preuve avec son autobiographie, *Tu vois ce que je veux dire...*
- La facétie répétée avec sa deuxième autobiographie intitulée *Les Yeux du cœur*.
- Une garde-robe toute en chemises bigarrées qui nous rappellent le sunlight des tropiques.
- Sa participation sans encombre à *Fort Boyard*. Il a même survécu à La Boule.

**DON'Ts :**

- Le lip dub UMP au volant d'une voiture.
- Son premier 45-tours pourtant intitulé à juste titre *Quand on ferme les yeux*. Preuve irréfutable qu'on ne peut pas rire de tout avec tout le monde.
- Sa candidature sur une liste UMP aux élections régionales en Auvergne en 2010.
- Son contentieux avec le restaurateur *Flunch* qui a osé s'approprier son légendaire « On va s'aimer » pour le remixer en « On va fluncher » sans son accord.

# Dilemme de vie #22

**Tu préfères
aller à un entretien
d'embauche sapé
comme Stromae
ou
aller à un concert
de M.Pokora
le soir de ton
anniversaire ?**

# Le fan des Ogres de Barback

## Laurent, 39 ans, Lot-et-Garonne, prof d'histoire-géo vacataire

- Il confectionne lui-même son fromage de brebis depuis qu'il a choisi de se retirer d'un mode de vie urbain aliénant.
- Il vit pieds nus en toutes circonstances afin d'avoir un contact permanent et « tactilement réel » avec la nature.
- Il emmène toute sa petite famille chaque été au festival d'arts de rue d'Aurillac.
- Il prévoit d'ailleurs d'emmener, à l'aide de son camping-car écologique, son épouse, Maelis, leur fille, Léolia, et leur fils, Teoman, en voyage à travers la Roumanie, lieu d'inspiration majeure des Ogres.
- Il envisage de mettre sur pied avec Pierrot et P'tit Gars, ses deux meilleurs potes, un festival éco-responsable de jazz manouche engagé à Beauziac.

*Sa devise :* « Sois l'acteur et non pas le bouffon de ta propre pièce. »

*La qualité qu'il préfère chez un homme :* la générosité du cœur et de l'esprit.

*Son plat préféré :* l'aligot.

*Son plus grand malheur :* la guerre, vraiment injuste.

*Sa couleur préférée :* le kaki.

*Son rêve de bonheur :* vivre en communauté avec ses potes dans une ferme, en retrait de notre société consumériste et matérialiste.

# Quiz : quel chanteur de droite êtes-vous ?

**Où partez-vous en vacances ?**

A. En Vendée
B. Au bled
C. En Irlande
D. À Los Angeles

**Un délinquant attrapé pour vol à l'étalage mérite selon vous :**

A. Dix ans de prison ferme
B. Un stage d'éducation civique : les erreurs, ça arrive
C. De devoir écouter Didier Wampas avant de se faire expulser de son pays, car évidemment ce délinquant ne doit pas être tout à fait français, si vous voyez ce que je veux dire
D. Un coup de pied au cul et du sursis

**Le couscous déclaré plat préféré des Français, pour vous c'est :**

A. Un signe manifeste de la perte de valeurs de ce pays
B. Une évidence
C. Du politiquement correct
D. Irresponsable, ça fait trop grossir

## RÉPONSES :

**Majorité de A :** Fervent sarkozyste, (vous lui avez même écrit une chanson : *L'Énergie*) partisan d'une France forte, vous vomissez la gauche, vous êtes **Didier Barbelivien**.

**Majorité de B :** Vous ne savez pas trop comment vous avez été embrigadé dans ce merdier. À vrai dire, vous n'êtes même pas de droite et à l'heure actuelle vous n'avez plus de carrière. Vous êtes **Faudel**.

**Majorité de C :** Vous avez une grande gueule et vous comptez bien la faire entendre. Le politiquement correct ? Très peu pour vous. Vous êtes **Michel Sardou**.

**Majorité de D :** Vous êtes à droite uniquement pour des raisons fiscales et pour cette vague idée de l'autorité masculine. Mais bon, vous avez des amis homos quand même. Vous êtes **Johnny Hallyday**.

# Les « Victoires » de la musique

À l'instar de la fête de la Musique ou des concerts « citoyens » et/ou caritatifs*, les Victoires de la musique ont lieu dans le but originel de célébrer la musique. À l'instar de la fête de la Musique ou des concerts « citoyens » et/ou caritatifs, les Victoires de la musique échouent à cette mission. Notons toutefois qu'un événement qui fut, un millénaire durant, présenté par Nagui et Michel Drucker, partait déjà avec un lourd handicap. Toutefois, notre fascination malsaine nous pousse à y jeter un coup d'œil d'une année à l'autre, animée par l'envie d'apercevoir quelques moments de honte émanant des figures tutélaires de la variété française.

Pour la faire courte, les Victoires de la musique sont synonyme d'apocalypse qui vient souiller davantage chaque année le répertoire musical français.

**Note pour plus tard (pour la prod de l'émission) :**

Il est hautement nécessaire de retrouver l'individu qui a cru bon de nommer ces catégories de la sorte. Peut-être que si elles comportaient six ou sept mots en moins, les téléspectateurs ne ressentiraient pas le besoin de zapper sur une autre chaîne ?

Ceci dit, il semblerait que la personne soit peut-être décédée à l'heure qu'il est. En effet, quel individu en pleine possession de ses moyens physiques et psychiques utilise encore le mot « groove » ?

Sinon, oui, « album de chansons » c'est assez cohérent, bravo les mecs.

---

* Cf. le chapitre « Tout ce qui est concert "citoyen" et/ou caritatif », p. 41.

Nous éprouvons une tendresse toute particulière pour le millésime 2007 des Victoires de la musique dont le palmarès à lui seul fait figure de blague filée et/ou de musée des horreurs, selon son degré d'optimisme :

Groupe ou artiste interprète masculin de l'année :
**Bénabar**

Groupe ou artiste interprète féminin de l'année :
**Olivia Ruiz**

Groupe ou artiste révélation du public de l'année :
**Miss Dominique**

Groupe ou artiste révélation scène de l'année :
**Grand Corps Malade**

Album révélation de l'année :
***Midi 20*, Grand Corps Malade**

Album de chansons/variétés de l'année :
**Le Soldat rose**

Album pop/rock de l'année :
***Wow*, Superbus**

Album de musiques urbaines de l'année :
***Gibraltar*, Abd al Malik**

Album de musiques électroniques/groove/dance de l'année :
***Végétal*, Émilie Simon**

Chanson originale de l'année :
***Le Dîner*, Bénabar**

Vidéoclip de l'année :
***Marly-Gomont*, Kamini**

DVD musical de l'année :
***Tryo fête ses 10 ans*, Tryo**

## Dilemme de vie #23

**Tu préfères que Françoise Hardy te fasse ton thème astral tous les lundis**

**ou**

**porter les bottes de Sheila époque *Spacer* nuit et jour pendant une année ?**

# Bingo R'n'B

Les « States » n'ont pas l'apanage du rhythm and blues, tout comme la langue anglaise n'a pas le monopole du cœur. Voici les thèmes qui constituent la majeure partie du répertoire « arenbi » français.

| | | |
|---|---|---|
| Adultère / trahisons en tous genres | Départ imminent vers l'étranger au moyen d'un aller simple | Citation d'une marque de voiture de sport |
| Champ sémantique du surnom romantique (ex. : bébé, amour, love) | Un style de vie ostentatoire | Questionnement sur le sens profond de la vie |
| Les traditions familiales | Cette rupture qui laisse un goût amer | Évocation de l'autre (la maîtresse, cette chienne) |
| Le cœur brisé | La langueur / le sentiment d'attente | Fanfaronnade à propos d'un corps d'Apollon (ou de déesse) |

# Chaque pop star internationale a son sosie français

Parce que la vie est bien faite, certains plaisirs se voient parfois répétés à l'envi. Ainsi, certaines vedettes à portée internationale ont droit à leur réplique française :

**Paul Williams → France Gall**

Justin Timberlake → M.Pokora

**Avril Lavigne → Emma Daumas**

Devendra Banhart → Yodelice

**Siouxsie and the Banshees → Jeanne Mas**

Bruce Springsteen → Rachid Taha

**Sinéad O'Connor → Brigitte Fontaine**

Robert Smith → Nicola Sirkis

**Alicia Keys → Shy'm**

Mick Jagger → Jean-Louis Aubert

**Michael Jackson → Juliette Gréco**

# Françoise Hardy : Fiche signalétique

### Faits marquants

- Sa plastique attrayante ainsi que son talent manifeste pour une écriture mélancolique et raffinée ont fait d'elle l'égérie des yéyés.
- *Message personnel*, la chanson qu'elle a cosigné avec Michel Berger est l'une des chansons d'amour les plus mythiques de la chanson française.
- Elle forme avec Jacques Dutronc un couple emblématique de la chanson française, à l'instar de Stone et Charden ou Lara Fabian et Patrick Fiori.
- Outre ses activités de chanteuse et de parolière, Françoise Hardy est également férue d'astrologie, elle a d'ailleurs signé plusieurs ouvrages sur cette pratique.

### Fun facts

- Selon des rumeurs qui circulent dans le show-business, elle se serait lancée dans une lutte sans merci face à Didier Derlich pour présenter l'horoscope sur le plateau de *Sacrée soirée*. L'histoire démontre qu'elle n'a pas remporté le combat.
- Malgré ses déclarations, elle n'a pas quitté le pays suite à la victoire de François Hollande à la présidentielle de 2012.
- Les cartes ne mentent pas : elle refuse d'accorder la parole aux Vierges ascendants Gémeaux, une attitude intransigeante qui lui a valu quelques remarques dans le milieu.
- A été approchée pour être l'égérie du laboratoire Roche (Lexomil).

**Taux de postérité : 85 %**

# Le « metal » français

John Lennon a un jour dit que le rock français était équivalent à du vin anglais. En d'autres termes, le rock français est infâme. Quid du metal français ? Certaines formations assimilées metal ont fait une percée dans le paysage musical français dit populaire ~~pour le meilleur et~~ pour le pire.

## ■ SILMARILS

Apparenté fusion mais d'obédience metal, Silmarils s'est fait connaître avec le single *Cours vite* qui a su plaire à la jeunesse de France mais qui a déçu les initiés. (Les vrais savent.) On retiendra surtout leur single *Va y avoir du sport,* qui savait parfaitement annoncer l'arrivée d'une pornstar borgne et transsexuelle venue évoquer son livre/sa sextape sur le plateau de Thierry Ardisson dans feu l'émission *On ne peut pas plaire à tout le monde.*

## ■ LOFOFORA

Punks à chiens, punks à chats, chiens à punks, troubadours, altermondialistes, métalleux, assistantes dentaires gothiques et coquines mobiles dans tout le 77, Lofofora a su fédérer un public très bigarré grâce à son metal engagé. Le dernier recensement effectué par l'Insee indique qu'il n'existe aucun survivant de leur public. Le groupe est, quant à lui, toujours actif. Comme quoi, c'est dans les vieux pots de metal qu'on fait les meilleures confitures.

## ■ MASS HYSTERIA

Toute personne ayant été au lycée dans les années 90 n'a pas pu/su passer outre Mass Hysteria. Toute personne se revendiquant skater, rebelle et « cool » a ainsi écouté Mass Hysteria parce que « c'est les Korn français, mec ! ». À la décharge de toutes ces jeunes personnes dégénérées, l'adolescence est la période où le cerveau est le plus sensible au cannabis. Elles n'étaient donc pas en pleine possession de leurs moyens.

# Dix choses mieux qu'une chanson de Pascal Obispo

- Un **tremblement de terre** de 9 sur l'échelle de Richter.
- Un **licenciement** abusif suivi d'une dépression.
- Des **hémorroïdes** pendant sa lune de miel.
- Apprendre que sa femme est enceinte alors qu'on est **stérile**.
- Un album **entier** de Tal.
- Une **calvitie** précoce.
- Une **ménopause** précoce.
- Une **famine** dans toute l'Europe continentale.
- Apprendre à 35 ans qu'on a été **adopté**.
- Le wifi **payant**.

# Ces enfants star terriblement gênants

## ■ JORDY

La vie de Jordy résume à elle seule la cruauté du show-business. En 1992 à l'âge de 4 ans il devient une mégastar avec *Dur dur d'être bébé*. Ce titre, aux paroles aussi puissantes qu'une complainte de Bénabar sur la disparition des saisons, restera numéro 1 du top 50 pendant quinze semaines. Jordy connaîtra également le succès avec les chansons *Alison* et *Les Boules* pour au total vendre 6 millions de disques à travers le monde. Sauf que son père a tout dépensé, ne laissant que quelques miettes du pactole à son mioche. Jordy, pour crier sa douleur à la France, n'a rien trouvé de mieux que d'aller s'exhiber dans l'émission de télé-réalité *La Ferme Célébrités* en 2005. Depuis, il tente de retrouver le chemin de la gloire. Dur dur d'être un adulte.

## ■ MELODY

Melody est le prénom d'une jeune personne qui a caracolé en tête des charts en 1989 avec la chanson *Y a pas que les grands qui rêvent* aux paroles là aussi équivoques, sachant qu'elle avait 12 ans au moment des faits.

> *« Y a pas que les grands qui ont des sentiments*
> *J'voudrais qu'il m'embrasse sur les lèvres*
> *Pas comme une enfant. »*

Par ailleurs, savoir que ces vers ont été écrits par Guy Carlier et que tout ceci a été financé par Orlando fait froid dans le dos.
Il faut savoir de manière générale que toute la discographie de Melody est constituée de textes très étranges, par exemple l'un de ses singles se nomme *Mamie* et traite de la dégénérescence de sa grand-mère.

## ■ PRISCILLA

Quintessence de la Bilf, cagole version mini-me, Priscilla, véritable joyau de l'île de Beauté chantait avec nonchalance et bravade « *Teste-moi, déteste-moi mais surtout regarde-moi* » tout en effectuant une choré, minijupe d'écolière à l'appui, à faire rougir Rihanna et Britney Spears.

# Dilemme de vie #24

**Tu préfères te réveiller avec la voix de Nicoletta ou avec le regard de braise de Joe Dassin ?**

# Nique sa mère la grammaire

La grammaire, c'est surfait. Pourquoi brimer sa poésie et la laisser étouffer dans les carcans de la grammaire et de la conjugaison ?

- « Et puis je sais pas qu'est-ce qui se passe, t'as ce regard dans la face. »
  **K.Maro**, *Femme Like You*
- « Dans l'rap j'ai aucuns rivaux. »
  **La Fouine**, *Bafana Bafana Remix*
- « Malgré que tu me manques. »
  **Sheryfa Luna**, *Tu me manques*
- « Je m'en fous que t'es bourré. »
  **Rohff et Zaho**, *Fais doucement*
- « J'garde le sourire malgré que j'avance dans l'doute. »
  **Sexion d'Assaut**, *Africain*
- « J'ai des idées dans la tête et je fais ce que j'ai envie. »
  **Véronique Sanson**, *Chanson sur ma drôle de vie*
- « L'heure est aux rêves – Aux utopiques. »
  **Saez**, *Jeunesse, lève-toi*
- « T'façon si y aurait pas de balance y aurait personne en prison. »
  **Sniper**, *La France*
- « De l'ombre ou de la lumière, lequel des deux nous éclaire ? »
  **Calogero et Grand Corps Malade**, *L'Ombre et la Lumière*

# La fan de Frank Michael

## Yvonne, 84 ans, Troyes, retraitée

- Elle a transformé l'ancienne chambre de l'aîné en autel dédié à Frank. Dedans s'y trouvent des posters, des revues de presse, des bibelots et même une mèche de cheveux qu'elle a ramassée lors d'un gala à Provins en 1979.
- Tous les soirs à 17 heures c'est session macramé avec Suzette et Annie au doux son de *J'peux pas t'oublier*, l'un des plus beaux albums de Frank.
- Tous les ans, au moment de la Noël, elle se rend en pèlerinage à Parme, la ville natale de Frank, ce qui crée des soucis avec ses enfants qui préféreraient célébrer les fêtes ensemble dans leur fief familial de l'Aube.
- Avec l'aide de Frankie, son petit dernier qui est commercial, elle envisage de mettre au point un cobranding avec Frank sur des dentiers et d'autres produits du quotidien nécessaires aux personnes de sa génération.
- Une fois par mois, elle réunit tous les adhérents du fan-club de Frank Michael de la Champagne-Ardenne pour un grand karaoké dédié uniquement au répertoire de l'idole.

*Sa devise :* « Yolo »
*La qualité qu'elle préfère chez un homme :* le romantisme.
*Son plat préféré :* des cannellonis au saumon et aux épinards, comme Frank.
*Son plus grand malheur :* avoir raté l'Olympia de Frank en 2003 à cause de sa hernie discale.
*Sa couleur préférée :* le rose.
*Son rêve de bonheur :* que l'émission *Stars à domicile* revienne pour que Frank Michael lui fasse un concert surprise pour ses 85 ans, si Dieu le veut.

# Une journée type de Maître Gims

**11h :** Réveil à base de Chocapic.

**12h15 :** Partie de *Call of Duty* avec ses enfants.

**13h :** *Flunch* en famille.

**15h23 :** Session d'écriture avec ses potes de Sexion d'Assaut autour du thème de l'homophobie.

**15h33 :** Fin de la session d'écriture. Trente chansons ont été écrites. Du beau boulot.

**16h :** Visionnage de *Dragon Ball Z*.

**18h45 :** Visionnage de son émission de télévision préférée : *Touche pas à mon poste !*

**20h15 :** Visionnage de *Plus belle la vie*. À l'instar de la chanteuse Tal, il aimerait y faire ses premiers pas en tant que comédien.

**21h :** Sortie au *KFC* en famille.

## Dilemme de vie #25

**Tu préfères que ton fils s'enrôle dans La Mano Negra ou qu'il soit le président du fan-club de Keen'V ?**

# Les questions existentielles de la chanson française

Si la chanson française nous apporte souvent les réponses nécessaires à notre survie dans cette jungle qu'on nomme « la vie », elle aime aussi nous poser des questions hautement fondamentales.

- *Qui est l'exemple ?* (Rohff)
  Citoyen modèle, Rohff se pose ici en professeur d'éducation civique.
- *Est-ce que tu viens pour les vacances ?* (David & Jonathan)
  Question essentielle déterminant un possible avenir estival commun.
- *Qui a le droit ?* (Patrick Bruel)
  Pas toi, Patrick. Oh que non.
- *Le futur, que nous réserve-t-il ?* (Assassin)
  Vous avez quatre heures.
- *(Est-ce que tu m'entends ?) Hey Oh* (Tragédie)
  Il n'est pire sourd que celui qui ne veut pas entendre.
- *Où est la source ?* (Michel Jonasz)
  É qué s'apelario Quézac.
- *Dis, quand reviendras-tu ?* (Barbara)
  Grossière erreur : toujours laisser l'autre vous rappeler.

# Sainte-Anne, ou assimilées

Ah ! la chanson française, cette grande famille où l'on trouve des élèves modèles, des éléments perturbateurs, des petits intéressants et des « originaux ». Ces fameux « doux-dingues » à la sensibilité si forte qu'ils paraissent toujours sur le fil du rasoir. Dans un paysage musical qui peut paraître consensuel et normé, certaines chanteuses sont parvenues à laisser éclater toute la palette de leurs émotions.

## ■ BRIGITTE FONTAINE

Qualifier Brigitte Fontaine de « folle » serait foncièrement réducteur même si l'intéressée l'a fait pour nous en nommant son quatrième album *Brigitte Fontaine est... folle !* Le terme le plus approprié serait sans doute « singulière » tant elle a mené une carrière riche et bouillonnante. Si elle donne l'impression de sucrer les fraises, c'est en partie pour amuser la galerie, et puis il faut bien l'avouer, elle est l'alternative cool à Line Renaud.

## ■ CÉLINE DION

Aussi loin qu'on s'en souvienne, Céline Dion a toujours été là. Tantôt fragile en nuisette chialant son amour perdu, tantôt forte, jambes écartées à la Johnny sur la scène d'un stade accompagnée de toutes les guitares du rock'n'roll.

Ce qui fascine avec Céline Dion, ce ne sont pas les dents avec lesquelles elle est née, ni même comment ses enfants ont été conçus, non, c'est sa bonhomie. Ce p'tit bout de femme toujours surexcité et plein de pep's est tout simplement fascinant. Céline, c'est la grande tante sous acide partie vivre à Ibiza en 1977 qu'on adore retrouver à tous les Noël.

## ■ ISABELLE ADJANI

L'actrice qu'on ne présente plus, autant connue pour son immense talent que pour ses coups d'éclat borderline et ses lunettes noires qui montrent tout ce qu'elle veut cacher, s'est aussi essayée à la chanson. Et ce, avec succès. On pense particulièrement à l'album *Pull marine* qu'elle a co-écrit avec Serge Gainsbourg. Savoir canaliser ses émotions et son hystérie, c'est un premier pas vers le long chemin de la guérison.

# Dilemme de vie #26

**Tu préfères avoir le groove de Sinclair ou le flow de Kamini ?**

# Les télé-crochets

Dans l'ancien temps, il existait des radio-crochets, des concours de chant radiophonique qui permettaient à des artistes de se faire remarquer. Quelques années plus tard sont apparus les télé-crochets qui partent du même principe, mais à la télévision. Le Petit Conservatoire de Mireille, du nom de sa présentatrice, Mireille Hartuch, a permis de découvrir bon nombre de talents dans les années 60 dont une certaine Françoise Hardy.

Trois décennies plus tard les choses ont pris un tournant différent :

## ■ GRAINES DE STAR

Créé au milieu des années 90 et présenté par ce bon vieux Lolo Boyer, ce télé-crochet aura fait découvrir moult talents, tels qu'Alizée, Leslie, Sandy Valentino ou encore les Poetic Lover. Soit le haut du panier de l'*entertainment* à la française.

## ■ STAR ACADEMY

Une chanteuse corse saucissonnée, un farfadet de Bretagne et une jeune femme inodore et en léger surpoids font partie des gagnants de cette émission. On dirait le sommaire du *Plus Grand Cabaret du monde*, mais il s'agit bien de la *Star Academy*. Le principe de cette émission née avec le nouveau millénaire est un mix entre *Le Bal des vampires* et la variété française. Elle consiste en effet à enfermer de jeunes gens dans un château hanté face à une vieille sorcière (Armande Altaï). Des « galas » y sont organisés durant lesquels les candidats reprennent *L'Hymne à l'amour* à la sauce r'n'b.

## ■ NOUVELLE STAR

Après le succès de *Star Academy*, M6 a contre-attaqué en lançant son propre show, *Nouvelle Star*. Une émission qui a pour unique vocation de faire gagner des personnes qui ne feront jamais carrière comme Jonatan Cerrada, Steeve Estatof, ou encore Myriam Abel. Seul Julien Doré, le « doux dingue » 3.0 de la chanson française, mais avant tout ersatz officiel de Philippe Katerine, a réussi à faire son petit trou.

# Les démons de la chanson française

À l'instar d'une forêt hantée, la chanson française est peuplée de créatures malfaisantes.

## ■ ORLANDO

Orlando est producteur de musique mais également le frère de Dalida, il a ainsi été son manager tout au long de sa vie. Et c'est bien évidemment pour continuer de faire briller l'œuvre de sa sœur décédée qu'il a sorti 437 best of depuis sa mort, 856 remix et versions (techno, tech house, folk, abstract hip-hop, entre autres) et que son hologramme continue de donner des représentations aux quatre coins du monde.

## ■ L'ENTOURAGE DE CHARLES AZNAVOUR

Charles Aznavour a plus de 90 ans, et il se produit ENCORE sur scène. À l'étranger. Tous les ans il annonce qu'il s'agit de sa dernière tournée mais, comme poussé par une force occulte (sa famille ?), il revient sur scène à chaque fois. L'homme a tout de même vendu plus de 100 millions de disques, de quoi allègrement remplir le Codevi des petits enfants et même des cousins éloignés. *Leave* Charles Aznavour *alone*.

## ■ LE FILS DE JEAN-JACQUES GOLDMAN

Michael Goldman est le fils de la personnalité préférée des Français, JJG. Mais afin de se démarquer totalement de son illustre père, il a choisi le « dark side ». Comment ? En montant My major Company pardi ! La pire association de malfaiteurs qui soit et qui, en sus, demande de l'argent au public.

## ■ PASCAL NÈGRE

On ne sait toujours pas si c'est pour les artistes qu'il a signé ou pour ses costumes qu'on le déteste le plus.

## Dilemme de vie #27

**Tu préfères que ta copine te dise qu'elle part sur les routes suivre Tryo**

**ou**

**qu'elle est tombée amoureuse du leader de Fauve ?**

# Posologie pour écouter du Mylène Farmer

*Ne pas écouter Mylène Farmer dans les cas suivants :*

- Vous en êtes à votre douzième TS.
- Votre chien est sous Prozac.
- Vous êtes enceinte.

## Comment écouter Mylène Farmer ?

*N. B. : En raison de sa nature, cette musique est réservée à l'adulte en pleine santé, pesant plus de 40 kilos et étant doté d'une joie de vivre inaltérable.*

1. Tirer ses rideaux en velours violet.
2. Allumer une demi-douzaine de cierges.
3. Retourner tous les miroirs de sa salle de bains.
4. Se faire couler un bain de sang de brebis.
5. Éloigner rasoir et tout objet contondant.
6. S'allumer un joint.
7. Voler.
8. Pleurer.

## Effets secondaires

Écouter Mylène Farmer plus de trois heures par jour peut, à moyen terme :

- Faire pleurer des larmes de sang.
- Provoquer l'envie soudaine de s'acheter un corset en velours bordeaux.
- Provoquer une vision de la vie en noir et blanc.
- Faire devenir roux à tout instant.

# Le tutoiement intempestif

Pratique très usitée dans le milieu de la musique urbaine, le tutoiement intempestif induit une certaine connivence et une certaine proximité entre le ménestrel moderne et son auditoire.

L'orateur peut se permettre une telle familiarité car lui seul connaît les rouages de cette chienne de vie, contrairement au jeune qui l'écoute et qui est perdu au sein de cette société capitaliste de merde.

Le tutoiement, qu'on aura envie de définir comme « un procédé poétique urbain », permet donc un dialogue à la cool qui te permet de mieux comprendre le monde qui t'environne, tavu ?

On le retrouve beaucoup dans le rap, mais aussi dans des groupes extrascolaires pratiquant la poésie réaliste, comme par exemple le collectif Fauve. Quintette sur scène, le groupe est en réalité une constellation de talents qui aiment à décrire leur quotidien moribond (parfois à base de métaphore filée météorologique). Ex. : « Tu nous entends le blizzard ? » « Nique bien ta mère l'orage » (Lu sur leur page Facebook), « Tu nous entends la honte ? » « Tu nous entends la tristesse ? » « Tu nous entends la mort ? » « Tu nous entends l'univers ? », etc.

Le tutoiement intempestif chez Fauve peut également se faire directement à l'encontre d'une personne, ex. : *Kané, Infirmière, Nuits Fauves*, ainsi que sur de nombreux hits présents sur *Vieux Frères, partie 1*.

On récapitule pour les deux du fond, le tutoiement intempestif est utilisé quand l'heure est grave :

- Dans un discours engagé traitant de la précarité ou du non triage sélectif au sein de sa copropriété.
- En cas de météo moribonde.
- En cas de vie sexuelle frustrée et frustrante.
- Pour dénoncer les crottes de chien qui pullulent sur les trottoirs parisiens.

# Dilemme de vie #28

**Tu préfères manger un couscous à Barbès avec Brigitte Bardot ou assister à un spectacle de Liane Foly ?**

# Les différentes possibilités de reconversion de Bénabar

Pour la santé mentale et auditive des mélomanes, et pour le bien de la communauté en général, nous avons souhaité coucher sur papier des alternatives au métier de chansonnier pour Bénabar.

### ■ Boucher, ou tout autre métier de bouche

Il aurait fière allure en tant qu'artisan qui aime à rendre la vie plus douce à ses clients à l'aide d'une anecdote malicieuse, d'une remarque bien sentie ou tout simplement d'un clin d'œil de connivence.

### ■ Démonstrateur automobile

Bénabar, Bruno Nicolini de son vrai nom, a le sens du détail : chaque chanson de son répertoire fait état de la moindre broutille qui survient dans son quotidien. Il ferait ainsi un excellent démonstrateur automobile, capable de réciter les yeux fermés toutes les options de cette Golf GTI ou encore de cette Saab dernier cri.

### ■ Chauffeur de salle

Ce panache rital dont il est bénéficiaire rend Bénabar capable de divertir bon nombre de spectateurs. Quoi de mieux qu'un artiste rieur et affable pour mettre en jambes le public des *Enfants de la télé* ?

### ■ GO au Club Med

Véritable pile électrique montée sur ressort, le boute-en-train de la chanson française semble tout aussi bien apte à faire le show en jouant de la gratte, qu'en effectuant une choré endiablée ou en apprenant le coup droit lifté à une retraitée pas farouche.

## Dilemme de vie #29

**Tu préfères que Magalie Vaé chante pour la bar-mitsva de ton fils ou que Yannick Noah devienne ministre des Sports ?**

# Prévision nécrologique : Renan Luce

**Quand un contentieux entre voisins finit en sordide fait-divers, c'est la réalité qui dépasse la fiction.**

Le mois dernier, un artiste s'en est allé. Une rixe entre voisins a dégénéré rue des Boulets (Paris 11$^{e}$) arrachant la vie à un jeune poète. Celui-ci n'est pas un anonyme puisqu'il s'agit de l'« auteur-compositeur-interprète » Renan Luce.

À l'aube de sa nouvelle tournée, Renan aimait répéter chez lui, et invitait souvent pour des bœufs endiablés ses copains Bénabar, Sanseverino et Vincent Delerm. Bizarrement, ce conglomérat d'artistes hétéroclites n'a pas plu à tout le monde. Notamment à José Durand, son voisin d'en dessous. Agacé par les nuisances sonores, il aurait saisi sa carabine et serait monté chez son illustre voisin, le tuant d'une balle en plein cœur. Heureusement pour la chanson française, Bénabar, Sanseverino et Delerm se trouvaient à cet instant précis à la cuisine, en train de savourer un délicieux fromage de tête, confectionné par Fabrice, leur ami artisan-boucher.

Interrogé par la police, José Durand affirme qu'il aimait bien Renan Luce jusqu'au jour où celui-ci a sorti son morceau *Les Voisines*. L'artiste-troubadour la lui chantait apparemment à chaque fois qu'ils se croisaient dans la cage d'escalier ou au local à poubelles. L'entendre une nouvelle fois samedi soir l'a « rendu dingue, fallait que j'le zigouille, ce ménestrel de merde ».

Selon certaines sources, une soirée hommage à la fois musicale mais également axée sur les méfaits du voisinage en habitat urbain aura lieu à l'Olympia cet été. Selon d'autres sources, elle serait présentée par Julien Courbet.

**Prévision épitaphe : *« Le voisin est un loup pour le voisin. »***

# Le mystère qui entoure toutes ces personnes étrangères qui viennent faire carrière en France

Mais pourquoi diable est-ce que la France se doit d'être la terre d'accueil numéro 1 de chanteuses et chanteurs non issus de l'espace Schengen ? Le problème de cette immigration massive ne réside évidemment pas dans les origines étrangères des migrants mais bien dans leurs chansons. Tout d'abord, pourquoi la France accueille-t-elle autant de Québécois ? Est-ce qu'un accord secret a été passé entre le gouvernement canadien et le gouvernement français qui se traduirait par la libération d'otages français contre l'envoi de divas dégénérées ?

Souvenons-nous, l'offensive québécoise avait commencé à la fin des années 70 avec Diane Dufresne, chanteuse à voix qui ferait limite passer Armande Altaï et Brigitte Fontaine pour des personnes psychologiquement stables. Puis la vague s'est emballée et ce fut l'escalade de la violence dès les années 90 : Céline Dion, Isabelle Boulay, Natasha St-Pier, Lynda Lemay, Daniel Lavoie, Garou ou encore la belgo-canadienne Lara Fabian.

Si tous ces individus semblent aussi attachés au Vieux Continent qu'une moule à un rocher, cela est sans doute dû à l'utilisation de la langue de Molière dans les deux contrées. Ce qui est, en quelque sorte, une bonne excuse. Mais quid de Tina Arena ?

La seule et unique raison pour laquelle Tina Arena restera dans l'histoire (de la variété) est parce qu'elle a décroché un seul tube en France tout en s'arrangeant parfaitement pour rester une illustre inconnue dans son pays natal, l'Australie.

N. B. : Deux exceptions à notre xénophobie musicale ont été trouvées : Dalida et Mike Brant. (RIP) <3

N. B. 2 : Une pétition citoyenne a été lancée et prône l'extradition de Tal en cas de représailles si une nouvelle diva québécoise fait son apparition sur le territoire.

# Dilemme de vie #30

**Tu préfères parler philo avec Tal ou géopolitique avec Ophélie Winter ?**